Prier 15 jours avec

CLAIRE DE CASTELBAJAC

COLLECTION PRIER 15 JOURS

- Des livres sources

– pour passer quinze jours en compagnie d'un maître spirituel à la manière de ces temps de retraite qui ouvrent une brèche dans notre univers quotidien.

- Des livres pratiques

– un rappel biographique en début de volume
– un itinéraire balisé en introduction
– une entrée dans la prière répartie sur les quinze chapitres de l'ouvrage
– pour aller plus loin, une bibliographie expliquée.

- Des livres accessibles

– un ressourcement qui va à l'essentiel pour des chrétiens actifs
– une information donnée de l'intérieur pour un public plus large.

Prier 15 jours avec

CLAIRE DE CASTELBAJAC

par Mère Emmanuelle Desjobert

nouvelle cité

Composition : Pauline Wallet
Couverture : Florence Vandermarlière

Illustrations de couverture :
p. 1, haut et bas : photos de Claire de Castelbajac
© Monastère de Boulaur
p. 4, portrait de l'auteur © Monastère de Boulaur

Domaine d'Arny
91680 Bruyères-le-Châtel
www.nouvellecite.fr

ISBN 9782375820025
ISSN 1150-3521

CLAIRE DE CASTELBAJAC
26 octobre 1953 – 22 janvier 1975

Il est des vies simples et joyeuses, sans exploits exceptionnels ni talents hors du commun. Ce qui est commun ne fait pas de bruit, ne fait pas parler de lui. Et pourtant… pourtant ce sont bien ces vies-là qui peuvent rejoindre le plus grand nombre, le nombre de tous ceux qui ont une vie ordinaire et cherchent à y vivre l'extraordinaire d'une rencontre avec Dieu.

C'est l'exemple d'une telle vie que nous offre la brève mais lumineuse existence de Claire de Castelbajac. 1953-1975, peut-on lire sur sa tombe. 21 ans et 3 mois. Une vie brève, certes, mais sûrement pas une vie tronquée ni un quart de vie. La vie de Claire, derrière son apparente banalité, fut pleine, pleine et achevée. Lorsque Claire s'en va, comme elle le dit elle-même peu avant sa mort, elle est *prête pour de grandes choses mais elle ne sait pas lesquelles.* De grandes choses à l'évidence, la plus grande qui soit même : la rencontre avec son Créateur, ce Dieu d'Amour vers qui elle a orienté sa vie peu à peu jusqu'à fixer définitivement le cap vers Lui, et rien que vers Lui, sans se préoccuper de *questions adjacentes* (cf. LP 25.09.1974).

Lorsque Claire naît à Paris le 22 octobre 1953, son père est directeur central de la Banque d'État du Maroc. Veuf, déjà père de cinq enfants dont le plus jeune est mort en bas âge, il a épousé Solange Rambaud en 1951 et Claire sera l'unique naissance de ce nouveau mariage. Que dire de l'enfance de cette fillette aux cheveux de jais et au regard espiègle ? Elle se passe au Maroc durant les six premières années et se poursuit à Lauret, vaste demeure familiale du Sud-Ouest de la France, qui sera toute sa vie le solide point d'ancrage de Claire.

La petite fille grandit au bon air de la campagne, au rythme de ses saisons, au milieu des sains paysans gersois. Entourée de parents qui se révèlent de remarquables éducateurs, toutes ses dimensions humaines et spirituelles sont éveillées à la vie : prière et présence à Dieu, contact avec la nature et les animaux, délicatesse de cœur et attention aux autres, art, littérature, travaux manuels… Claire s'avère ouverte, enthousiaste et curieuse de tout, sensible et joyeuse, aimante car profondément aimée. Elle croque à pleines dents une existence qui la comble.

Sa vie a ses épreuves pourtant. Épreuves de santé d'abord, avec une toxicose qui menace de l'emporter à l'âge de 4 ans et lui laisse de douloureuses séquelles digestives, des soucis respiratoires qu'elle traînera des années durant, une sciatique qui lui vaudra hospitalisation et opération, des maux et douleurs diverses qui ne font pas de bruit mais ne l'épargneront pas jusqu'à sa dernière maladie. Épreuves de famille ensuite : être nettement plus jeune que des frères et sœurs, bons et aimants à son égard, mais qui connaissent eux-mêmes des difficultés personnelles, atteint le cœur de Claire. Elle les voit peu et leur absence lui pèse. D'autant plus qu'elle porte en elle une inquiétude de fond liée, entre autres, à son affectivité prégnante : une peur de la solitude qui l'accompagnera longtemps. Épreuves liées à son tempérament enfin, colères terribles, énergie qui peut être envahissante, grande sensibilité, luttes pour vaincre ses mauvais penchants, difficultés d'autant plus fortes que son idéal est élevé – n'a-t-elle pas décidé après sa première communion à l'âge de 5 ans que « quand elle serait grande elle serait sainte »?.. Avec ces épreuves d'enfant nous avons les grandes lignes de ce qui constituera les combats de Claire durant son existence.

À son entrée en sixième, Claire quitte le cocon familial pour partir en pension chez les sœurs du Sacré-Cœur à Toulouse. Une étape difficile au départ pour cette enfant encore bien jeune mais qui, une fois surmontée, lui ouvre la porte d'un univers merveilleux : celui de l'amitié. Claire sera d'une fidélité remarquable envers celles avec qui elle partage son cœur au cours de ces années, et elle aura une haute idée de la responsabilité qu'implique entre deux âmes une relation profonde. Elle perçoit aussi les combats que la vie commune génère, puisqu'à côté des chères amies, la pension lui fait côtoyer également des camarades avec lesquelles elle n'a aucune affinité. Autant d'occasions de croissance dans sa vie spirituelle que Claire saisit au vol avec une étonnante disponibilité à la grâce.

Après ses années de collège dans la proximité aimante des sœurs du Sacré-Cœur, Claire peine dans les nouveaux établissements qu'elle rejoint. La crise qui sévit dans l'Église durant ces années de l'après-Concile l'ébranle profondément. Pour elle, la foi et l'obéissance au Saint-Père sont d'une telle évidence, qu'elle souffre de voir des religieux ou des prêtres les remettre en cause. Elle finit son année de seconde par correspondance avant de revenir à Toulouse pour la rentrée scolaire en première.

Claire loge alors dans une chambre d'étudiant chez une famille amie et découvre une nouvelle expression de l'amour à travers un penchant (jamais avoué) pour l'un des fils de la maison.

Sa sensibilité et son affectivité sont canalisées par une vie spirituelle particulièrement dense avec la participation à la messe en semaine autant qu'il est possible et un souci constant d'incarner sa foi dans une joie missionnaire et le service des plus pauvres. C'est dans ces conditions qu'elle prépare son baccalauréat et le concours de l'Institut central de restauration qui lui ouvrira les portes de la vie romaine.

Claire a 19 ans lorsqu'elle arrive dans la Ville éternelle. Jeune, enthousiaste, émerveillée par la beauté de tout ce qu'elle découvre, un peu grisée par une liberté qu'elle doit apprendre à apprivoiser, elle se lance dans ses études avec la fougue qui la caractérise. L'art est pour elle un chemin vers Dieu et sa soif de tout ce qui est noble et vrai est inextinguible. Son désarroi est profond lorsqu'elle découvre que cet idéal n'est pas partagé par ceux qui l'entourent. Elle fait l'expérience d'un succès bien involontaire auprès des garçons et doit batailler ferme pour garder intacte sa pureté d'âme au milieu de ces tentations. Sa profonde dévotion mariale, déjà ancrée dans une belle familiarité et un attachement à Lourdes qui ne se démentira jamais, en est approfondie.

Mais entre cette déception à l'égard de ceux qu'elle côtoie, des grèves constantes, des difficultés de logement, son isolement dans une ville où elle ne connaît encore pas grand monde,

Claire perd pied peu à peu. Elle se sent perdue, fragile et vulnérable loin de l'appui de ses parents et du cadre qui l'a toujours portée. La rencontre qu'elle fait alors de jeunes filles de son milieu et de son éducation lui semble providentielle. Elle se jette dans ces relations comme sur une bouée de sauvetage. Les nouvelles amies s'amusent beaucoup, et mènent une vie qui ne correspond pas à la soif spirituelle de Claire. Elle se laisse aller aux jugements hâtifs et à la critique, s'excite et glisse dans l'insolence à l'égard de ses professeurs, suit ses impulsions du moment sans prendre les temps de recul, de prière et de solitude dont son équilibre intérieur a besoin. Au milieu de tant d'agitation et de superficialité, sa vie de foi s'étiole et sa joie lumineuse la quitte subrepticement.

Mais le Seigneur est à l'œuvre et Claire finit par prendre de la distance avec ce qu'elle vit : elle se ressaisit. L'occasion lui est alors donnée de participer à un pèlerinage en Terre sainte qui sera pour elle la porte vers le Ciel. Bouleversée par la foi de ceux qui l'entourent, saisie par la miséricorde du Seigneur qui vient la rejoindre lorsqu'elle n'a plus que sa pauvreté à offrir, Claire revient de ces trois semaines de marche dans le désert transfigurée par la grâce. Brûlée par ce temps de lumière, elle qui avait toujours marqué son entourage par son sourire n'a désormais plus que la louange de Dieu sur les lèvres. Elle a trouvé le Nord sur lequel orienter sa boussole intérieure, le point d'équilibre qui lui donne la force de traverser les combats, de dépasser sa crainte de la solitude et ses peurs.

C'est une Claire transfigurée par la joie de cette rencontre avec Dieu qui rejoint alors Assise où elle doit, avec les autres élèves de son institut, restaurer les fresques de la basilique Saint-François. Elle est paisible, sereine, et marque ceux qui la rencontrent par la paix lumineuse qui émane de tout son être. Logée chez des bénédictines, dans le silence et la prière, elle laisse se déployer en elle les grâces reçues en Terre sainte. Sa confiance en Dieu la comble, tout lui paraît simple. Dans la limpidité rayonnante de sa foi purifiée, elle ne se préoccupe ni de son avenir, ni de ses luttes, ni de ses craintes, il ne reste que l'Amour et la reconnaissance.

Afin de passer Noël auprès des siens, Claire rentre en France en décembre 1974. Tous sont marqués par sa joie éclatante dont ils sentent la mystérieuse intensité. Le 30 décembre, elle demande à aller à Lourdes et y prie très longuement avec une gravité qui saisit ses parents et l'amie qui l'accompagnent. Quelques jours plus tard, elle tombe malade. Ce qui paraissait n'être qu'une simple grippe s'avère être une méningite foudroyante. Claire est hospitalisée en urgence et alterne de brèves périodes d'éveil et des temps de coma de plus en plus longs. Malgré des maux de tête d'une intensité à peine soutenable, ses moments de lucidité ne sont que prière, remerciements à l'égard de ceux qui l'entourent, louange envers Dieu. Ses derniers mots seront ceux du « Je vous salue Marie ». Nul doute que celle qu'elle aura tant aimée sur la terre lui a ouvert la porte du Ciel lorsqu'elle s'éteint le 22 janvier 1975. Sa vie terrestre s'achève mais Claire poursuit dans la lumière la louange qui fut la sienne dès cette vie et qui est désormais sa vocation pour une éternité de joie.

AVANT-PROPOS

En avril 2017, nous déposions la version définitive de la *positio,* un volume de 500 pages environ, sur la manière dont Claire a vécu les vertus chrétiennes. Ce travail étant achevé, je me suis mise à la rédaction de ce *Priez 15 jours.* Depuis plusieurs années, je portais en moi ce désir d'écrire quelque chose de plus personnel sur ce que j'avais reçu de ce travail pour la cause de béatification de Claire : une manière de la remercier !

Un des textes qui m'a le plus touchée en 2002, lorsque j'ai commencé mon travail, comme postulatrice diocésaine, a été la biographie complète écrite par Mme de Castelbajac : les confidences d'une maman sur sa fille unique. J'ai lu successivement tous les écrits de Claire dont les 802 lettres, mais aussi les lettres de condoléances reçues à sa mort, les lettres qui rendaient compte de grâces reçues et une importante correspondance qui témoignait de sa réputation de sainteté. Comme il n'est pas possible de rendre compte de toutes les facettes de Claire dans cet ouvrage, j'ai essayé de mettre l'accent sur des aspects moins étudiés ou qui me touchent particulièrement.

Je me suis interrogée sur ce qui revenait sans cesse dans sa réputation de sainteté : la joie, la foi, la pureté de Claire. Je me suis demandé quelle était la note propre de sa sainteté alors que sa vie avait été tellement ordinaire. Je me suis intéressée à la qualité et aux piliers de l'éducation donnée par ses parents. Claire a compris très jeune, vers l'âge de 12 ans, que le bonheur était un choix et qu'être heureuse était la meilleure manière de remercier l'Auteur des biens reçus et ceux qu'elle aimait appeler ses *débiteurs du bonheur* (LA 05.02.1973). Cela aura été pour elle un véritable moteur pour sa vie spirituelle. Non seulement elle a compris que c'était un choix, mais elle l'a vécu également comme un devoir de justice qui s'imposait à elle. Elle devait être heureuse et emmener à sa suite ceux qui l'entouraient sur ce chemin du bonheur. *Je crois,* avait-elle dit un jour, *que j'ai été choisie par Dieu pour être la plus heureuse de ma génération* (LP 29.09.1974). Rendre à Dieu ce qui appartient à Dieu s'est incarné pour elle dans ce choix du bonheur qu'elle a considéré aussi comme une forme de martyre. Offrir sa vie a signifié pour elle se laisser aimer, recevoir le bien et devenir un sacrifice de louange et de joie. Tout cela me paraît être un message d'une extraordinaire actualité !

Je voudrais remercier les nombreux témoins que j'ai eu la grâce de rencontrer, en particulier les membres de la famille de Claire et ses amis, les théologiens et experts qui ont permis un regard affiné sur cette courte vie et je voudrais remercier ma communauté qui a participé à ce travail parfois laborieux depuis des années. Chère Claire, toi qui as été non seulement une âme de prière mais qui as fait de ta vie une vivante offrande à la gloire du Père, la plus belle des prières, accompagne-nous sur cette terre pour que nous entrions nous aussi dans cette louange par toute notre vie.

SIGLES UTILISÉS

Tous les passages en italiques sont des paroles ou des écrits de Claire. Lorsqu'il s'agit d'extraits de lettres, la date indiquée est la date de rédaction. Quand les destinataires sont indiqués par des sigles, ils renvoient aux personnes suivantes :

LP	à ses parents
LM	à une de ses sœurs
LF	à un autre membre de sa famille
LA	à une amie
LV	à Mère de la Vauzelle

Parmi ces documents, certains ont été reproduits dans des publications, cependant la correspondance et les écrits de Claire de Castelbajac cités ici sont sous la responsabilité du monastère de Boulaur (32).

Il est plusieurs fois fait allusion dans le texte à « l'Institut » ou le « Restauro ». Il s'agit dans les deux cas de l'Institut central de restauration (Istituto Centrale del Restauro) où Claire étudie lors de son séjour à Rome.

Enfin, pour ne pas risquer d'écorcher les oreilles gasconnes, il peut être utile de savoir que le nom de la maison de la famille de Claire dans le Gers, lieu qui a tant marqué Claire, « Lauret », se prononce « Lorette ».

VIVRE À PLEIN !

Samedi, lever à 5 h du matin pour aller chercher des champignons. C'était sublime ! Il faudra que je te montre le bois au lever du soleil. Je ne mets pas d'adjectifs, il n'y en a pas. Si : c'était cathédralesque ! (LA 01.07.1969).

Suivons Claire dans ce moment d'émerveillement. Lequel d'entre nous n'a pas fait cette expérience d'être saisi par l'inouï de la création ? Claire se laisse habiter régulièrement et profondément par la grandeur et la beauté de la nature qui l'entoure. Ce n'est pas pour elle une expérience passagère et exceptionnelle. Nous découvrons à travers sa correspondance beaucoup de descriptions qui nous disent la sensibilité et la délicatesse de son regard. Voici comment elle parle de Rome, par exemple :

Le temps est très clair, aussi les couleurs ont gardé leur lumière, et les ombres leur duveté. Une légère brume fait ressortir les contrastes et adoucit encore les lointains. La brise donne une calme ondulation au Pincio. La Ville n'est plus éclatante et brillante, elle est inondée de paix et de sérénité. Au fond elle change entièrement de personnalité selon le ciel. Il est vrai que je la contemple de haut et les gens qui se font éclabousser, en bas, doivent pester contre la pluie, ainsi est la vie (LP 11.10.1972).

Claire grandit dans une ancienne demeure du Gers, en pleine campagne, dans la douceur des vallons, des jeux de lumière.

La France est toujours ce beau pays dont on ne peut détacher son âme, doré par l'automne et réchauffé par les derniers rayons de soleil. C'est le temps des vendanges et on voit passer de pleins camions de ces fruits aux couleurs chaudes et à l'odeur sucrée. C'est également le temps de la récolte des tournesols… (LA 05.10.1971).

Elle se laisse former, construire par l'équilibre et la force harmonieuse de cette habitation et de cette nature. Aux dires de ses voisins, elle y menait une vie simple. Elle a même un petit air de la campagne ; en tout cas, rien d'une citadine. Sensible à la beauté des paysages de sa région de Gascogne, à la santé morale des habitants, *leur intégrité, leur cœur et leur joie de vivre* (LP 28.10.1972), elle sait s'émerveiller. Claire a beaucoup reçu de la fréquentation des paysans qui entourent la maison familiale de Lauret : leur bon sens, leur équilibre, leur sens du travail, de la vie, des saisons, du temps qui passe, de la mort. Elle file à l'étable dès que son travail scolaire lui en donne la possibilité, fascinée par la traite des vaches. Elle passe des heures dans une caisse que le fermier lui a installée sur la roue arrière du tracteur pour ne pas lui faire prendre de risque. Elle se passionne pour l'élevage de chats, de chiens, de poules naines et de cochons d'Inde. Elle est heureuse d'un bonheur simple et authentique.

Quelques amies ont passé cinq jours à Lauret avec Claire. Elles décident un soir de dormir à la belle étoile et racontent : *Tu te souviens de l'endroit, derrière le château? Eh bien! C'est là au milieu des bouses de vache et des vaches elles-mêmes que nous nous entourâmes de couvertures pour essayer de sombrer dans un profond sommeil. Le chien était là qui nous gardait avec une tendre vigilance et nous léchait les joues au passage (très agréable quand tu dors).* Les amies se réveillent brutalement nez à nez avec une vache qui les regarde sous la lune. *À une heure et demie, réveillées par le froid, nous retournâmes dans nos lits, c'est tout de même une belle invention, un lit! À 5h15 ding-dong, nous nous levons et partons à mobylette pour Corné (point culminant à 5 km) pour assister au lever du soleil. Alors là! C'était au poil, nous étions assises dans la terre grasse d'un pré et nous contemplâmes béatement cette beauté des cartes postales* (LA 25.10.1971).

Saint Bernard dit qu'on apprend plus à la fréquentation des arbres de la forêt qu'à celle des livres. Claire a beaucoup fréquenté les bois de Lauret. Elle y a appris le silence, la solitude et la lenteur, ce dont notre monde a tant besoin pour trouver Dieu. En marchant des heures dans les bois, elle se laisse remplir par les odeurs, les parfums de toutes sortes, elle connaît mieux que personne les endroits à champignons, elle développe sans effort sa capacité à recevoir le mystère. En laissant la création toucher son cœur et sa sensibilité, elle permet à tout son être de garder la mémoire du beau et de la puissance de Dieu à l'œuvre. Comme saint François d'Assise, elle reconnaît la nature comme un « splendide livre dans lequel Dieu nous parle et nous révèle quelque chose de sa beauté et de sa bonté » (*Laudato sí!*, n° 12). Plus tard, au moment de choisir ses études supérieures, elle décide d'apprendre la restauration de peintures et d'œuvres d'art. De cette manière, elle se met au service du beau et ce métier ne l'oblige pas à exercer en ville. Elle pourra restaurer chez elle, à la campagne.

Durant sa courte vie, Claire ne cessera de revenir à cette expérience de la nature, elle en a soif. *Je reviendrai certainement à la Toussaint à la maison, car j'ai soif de santé, et qui est plus sain que vous et Lauret?* (LP 15.10.1973). À travers la création, elle nourrit sa foi, une foi admirative, amoureuse. Avec la nature, elle ne peut mentir. Dans le silence de la campagne, elle parle à Dieu et se retrouve elle-même. N'est-ce pas ce qui se passe, lorsqu'à Rome, alors qu'elle est en pleine déroute, elle participe à une excursion avec les amis inconnus de l'une de ses cousines, un moment lumineux, vécu comme un signe de salut :

> *L'après-midi, je suis allée avec des amis italiens de ma cousine faire de la montagne dans un endroit au poil, près de Rome, génial! D'abord le lieu, très très sauvage, plein de fleurs, de beaux arbres neufs et vieux, on a vu sur la cime, devant le coucher du soleil une jument noire et son poulain, comme des fantômes... C'étaient des chevaux sauvages. Mais oui, sauvages : qui n'appartiennent à personne! Ils ont dévalé la pente, sans se presser, j'ai essayé de les suivre, mais sans résultat* (LA 23.05.1974).

C'est encore la campagne gersoise qui accompagne les derniers jours de son existence. Après avoir terminé le chargement de sa voiture, le vendredi 3 janvier 1975, dans l'après-midi, elle s'en va dire au revoir à sa vieille amie, Léonie, une de ses voisines les plus proches, et passe par le bois, avec pèlerine et bottes : dernière promenade dans ces bois qu'elle aime tant et qu'elle a vus à toute heure et en toute saison. Elle veut s'en remplir la vue, l'odorat et l'oreille, avant de partir, comme elle l'a fait si souvent lorsque sa mère l'accompagnait en auto, pour la pension ou pour la gare, en partant bien avant l'heure à travers les bois pour la rejoindre le plus loin possible sur la route de Mauvezin, tout imprégnée de ce dernier contact avec cette terre qu'elle aimait tant. Claire était une terrienne au sens le plus noble du terme, elle a aimé rencontrer le Seigneur dans ses œuvres d'une manière simple et directe : *Je voudrais que ma vie soit une louange vivante à Dieu, un merci pour toutes les beautés de la nature* (LV 14.07.1975).

LE NOYAU
DE TOUS MES ATOMES

Je sais, écrit-elle, qu'au fond de moi il y a cette certitude de l'amour de Dieu qui fait partie de chacune de mes cellules, qui est le noyau de tous mes atomes (LP 12.02.1974).

Claire a beaucoup marqué ses proches par sa manière si naturelle de vivre sa foi et d'en faire un élément aussi vital et spontané que la respiration. Elle est habitée par une foi vive, simple et joyeuse qui éclaire sa vie, lui donne son sens et son relief. Il a été particulièrement étonnant pour ses contemporains de côtoyer la petite fille d'abord, puis la jeune fille parlant et témoignant de la présence de Dieu, des anges, de la Vierge Marie et des saints avec un réalisme désarmant. « Elle parlait d'eux, raconte une de ses amies, comme si elle les avait rencontrés et cela étonnait même les plus chrétiens. » Cette évidence entraînait à sa suite :

> *Dès que tu commences à faiblir, appelle vite la Ste Vierge et ton Ange gardien et tu es SÛRE qu'ils t'aideront. Ce sont tes meilleurs amis, et combien Puissants ! Ensuite, remercie-les, le remède est excellent* (LA 16.03.1970).

Oui, le Seigneur est là, toujours présent, toujours bienveillant. Claire peut tout lui dire, lui parler en toutes circonstances, à n'importe quelle heure du jour et de la nuit. Elle prend l'habitude de s'arrêter dans les églises, seule ou accompagnée, pour quelques minutes d'adoration, comme elle se serait arrêtée, spontanément, en passant devant la porte ouverte d'une amie très chère. L'authenticité de son amour de la vie et la simplicité avec laquelle elle vivait sa foi, en contact permanent avec le Seigneur, ne laissaient pas son entourage indifférent et attiraient les cœurs.

Dès sa plus petite enfance, Claire expérimente et témoigne de l'expérience vive de la présence aimante d'un Dieu proche. Elle apprend les premiers mots de la prière en même temps qu'elle apprend à s'exprimer avec ses parents. L'éducation qu'elle reçoit contient profondément la transmission de la foi. Progressivement et de plus en plus librement, elle reprend pour elle-même ce qui a été transmis et elle apprend à vivre habituellement en présence des habitants du Ciel, à recevoir la sainteté comme le sens de son existence de baptisée, à offrir le moindre acte. Tout va de pair. Plus tard, nous lisons dans la correspondance de l'adolescente et de la jeune étudiante qu'elle passe, sans transition, des propos les plus spirituels aux nouvelles ou aux questions les plus matérielles. Même si l'extérieur manifeste encore une agitation de surface, l'unité intérieure s'opère résolument. Ses amis et ses proches constatent que Claire respire la foi comme on respire l'air ambiant. Elle témoigne en effet d'une véritable aisance, mais elle reste très discrète sur sa vie de prière personnelle, sur ses temps d'intimité avec Dieu. Elle confiera des années plus tard et non sans humour, des moments forts, inoubliables, vécus tout près de Dieu :

> *Je me suis rappelé ce qui faisait mon bonheur au Sacré-Cœur : je m'échappais du dortoir, le soir, et j'allais m'asseoir en pyjama à la tribune, pour écouter le silence, et voir la nuit – C'est dans ces moments-là que je me suis trouvée le plus près du Bon Dieu Sublime – en tout cas, c'était du sport car il y avait plein de mères partout et il fallait ouvrir la porte de la Chapelle qui grinçait* (LA 08.12.1971).

Claire manifeste une vive sensibilité dans l'apprentissage de la foi, une vraie soif de connaître, nous dit sa mère : « Elle fut toujours passionnée par le catéchisme et les vies des saints, que je lui donnais peu à peu, notamment la collection illustrée, pour les enfants, *Belles vies, belles histoires.* Elle les reprenait souvent, m'en parlait, très sensible aux exemples qui s'en dégageaient. Les deux vies qui la marquèrent le plus furent celle de sainte Thérèse de l'Enfant-Jésus, écrite spécialement pour les enfants, et celle d'Anne de Guigné, expliquée aux enfants. Ces découvertes religieuses lui donnaient de grandes joies » (juin 1960). C'est également vrai de la période de l'adolescence, ses proches étaient frappés de son intérêt pour les questions religieuses.

Sa prédisposition féminine à l'accueil intérieur a certainement facilité le déploiement du don de la foi. Et sa foi, tout accueillie, a nourri la confiance et la reconnaissance envers ce don reçu qui dilatait autant son cœur que son intelligence. Claire a pu donner l'impression qu'elle ne doutait jamais, que sa foi était solide comme le roc. C'est que, lorsqu'elle interroge ses proches sur la foi, tout comme lorsqu'elle questionne sa foi pour l'approfondir intérieurement, demeure toujours cette certitude : *J'ai la chance de croire* (cf. LP 09.07.1974). Elle ne s'arrête pas à l'intuition de son cœur, mais elle s'en sert pour entrer plus avant dans le mystère, pour soutenir sa quête de vérité et pour devenir un témoin plus éloquent de sa foi.

Sans envisager le questionnement du seul point de vue intellectuel, elle cherchait à comprendre les motifs théologiques et historiques dont découlent les positions et les décisions du pape. Elle ne se préoccupait pas de savoir si cela la mettait en décalage par rapport aux autres jeunes, elle était libre, elle voulait lier, en toute liberté, la foi et la raison. Ainsi, Claire entre dans la compréhension des décisions de l'Église, comme une enfant, en toute confiance, sans critique ni propos négatifs. Au contraire, chaque épreuve de l'Église a pour elle le poids d'une épreuve familiale. Durant la période douloureuse de l'après-Concile, certains sujets de catéchèse sont choisis parmi les sujets polémiques de l'époque. Lors d'un débat lancé, Claire, du haut de ses 13 ans, n'hésite pas à exprimer vivement son incompréhension du choix d'un tel sujet à la religieuse responsable : *Mais, ma Mère, nous n'allons pas parler de ça, puisque le Saint-Père a déjà dit ce qu'il en pensait!*

Sa vive attention aux prédications manifeste aussi qu'elle est avide d'apprendre. À 19 ans, à Rome, elle participe à une messe de confirmation et elle écrit : *Le sermon était très, très bien, et m'a éclairée complètement sur la confirmation, question à laquelle j'avais peu souvent réfléchi*

(LP 27.05.1971). L'année suivante, elle suit des conférences au Centre Saint-Louis-des-Français, notamment du P. Chenu, sur lesquelles on la voit réfléchir dans sa correspondance. Elle profite aussi des conversations régulières avec Mère de la Vauzelle et le Père Philippe de la Trinité, son oncle carme, théologien. À travers ces différents contacts et discussions qui la nourrissent, elle développe une attitude d'écoute confiante, éclairée par l'intelligence et la raison, qui la transforme et la fait croître en profondeur. C'est à la suite de ces échanges qu'elle met en place *sa demi-heure de lectures spirituelles* évoquée dans une lettre de janvier 1973. Plus tard, elle suivra avec avidité les conférences d'un prédicateur qui lui ouvrent de nouveaux et larges horizons : *C'est extraordinaire de l'entendre. Je buvais ses paroles, comme je n'ai jamais écouté personne* (LP 03.10.1974).

troisième jour

ON NE VIT PAS POUR SOI

Hier soir, j'ai été confirmée dans mes doutes, j'ai vu un toubib très bien, très gai, que je connaissais avant et qui toujours remonte le courage des malades, je l'ai vu dans le couloir, donc seul à seule, et il m'a dit : « Vous savez, elle ne va pas bien, votre Maman ! » Et à la question que je lui posais pour savoir si cela recommençait, il m'a répondu : « Non, cela continue. » Et puis il l'a dit vachement triste et avec une mine de circonstance. [...] Oh ! Elle est courageuse, Maman ! Mais lorsque hier soir elle m'a montré (en rigolant !) comment elle marchait seule, je la plaisantais, mais depuis le début de sa maladie, pour la 1re fois les larmes m'ont obscurci les yeux. Et pourtant il faut rire, il faut plaisanter, il faut tâcher de ravigoter tout le monde... En tout cas, de cette triste période, j'en ressors mûrie et grandie, car j'ai vu que l'on ne vivait pas pour soi mais pour les autres et que tout le monde est fait pour vivre pour les autres et les rendre heureux. C'est profondément difficile, mais quand on y arrive, c'est beau… (LM 15.02.1971).

Attentive aux autres, Claire constate, durant l'année 1969, que la jeunesse de Sainte-Gemme, la commune de Lauret, n'a pas d'occasions de se réunir pour des moments de détente ensemble. Elle se sent alors pressée intérieurement d'organiser quelque chose pour les jeunes, sinon, dit-elle, *ils iront voir ailleurs,* là où il y aura, à leurs yeux, plus de vie ! Elle entreprend donc les filles de son âge et leur propose une chorale. Très vite, les garçons demandent à venir aussi avec leurs sœurs. Claire cherche des chants, les copie, groupe son monde chaque samedi après-midi et, malgré l'ignorance de tous, à commencer par la sienne propre, arrive à faire chanter à peu près juste, sans crier, à diriger des canons faciles, et même des chants à deux voix. Puis le groupe se lance dans deux petites pièces de théâtre ; l'ensemble est assez réussi et surtout, ils s'amusent tous beaucoup. Pour donner un but à cette distraction, Claire a l'idée d'aller faire chanter et jouer, au village voisin, pour les retraités de l'hospice, puis dans un autre petit village pour des personnes handicapées qui font une session d'été, enfin pour les habitants de sa propre commune, dans la petite salle de théâtre de l'ancien presbytère. Sa sœur Anne, non voyante, en période de vacances, s'entraîne avec elle pour jouer de la flûte à bec à deux voix. Après les répétitions qui se font à la mairie de Sainte-Gemme, il y a de grandes parties de volley-ball sur la place. Excellente ambiance, et non moins excellente entente dans ce petit groupe. Les plus âgés ont l'âge de Claire, 15 ans, les plus jeunes, 5 et 6 ans.

Elle en parle à une amie, et lui demande de prier pour que les personnes handicapées soient heureuses d'une petite séance de chants…

> *Si cela peut t'intéresser, nous allons chanter samedi 1er août pour des handicapés : nous avons commencé à répéter il y a 3 jours, et ma meilleure basse sera absente jusqu'à vendredi soir… D'autre part, je vais faire mimer un chant, mais je n'avais pas assez de figurants. Grâce à Dieu, il y aura mes neveux qui arrivent ce soir. Tu serais bien bonne de prier, non pour que nous chantions impeccablement, mais pour que les personnes handicapées soient heureuses ce jour-là. Merci !* (LA 07.1970).

Est-ce parce qu'elle-même est souvent malade, et sait par expérience l'effort qu'il faut faire pour ne pas se plaindre ni se replier sur soi lorsqu'on souffre ? En tous les cas, Claire a été attentive dès l'enfance à ceux qui pouvaient être éprouvés par toutes sortes de situations. Dès l'âge de 7 ans, elle décide, seule, d'apprendre le braille pour communiquer directement avec sa sœur Anne, après s'être rendu compte que cette dernière était obligée de se faire lire les lettres qu'elle lui écrivait et que cela ne convenait pas à l'intimité qui régnait entre elles. Elle ne partait jamais en voyage sans sa tablette pour lui écrire en braille. Elle visitait volontiers les malades, chez elle, dans la campagne avoisinant sa maison de Lauret, près de Mauvezin. Sa maman lui donnait ses leçons mais chaque fois que son temps d'école à la maison le permettait, elle s'échappait et prenait du temps pour aller voir les malades dans les fermes, en particulier un vieux monsieur, Maurice, très atteint des bronches et qui crachait beaucoup. C'était repoussant, témoigne une fille de son âge, mais Claire faisait ces visites avec tout son cœur. Maurice et sa maman l'appréciaient beaucoup et ils n'étaient pas les seuls. Lorsqu'elle est mise en pension à Toulouse puis lorsqu'elle part à Rome, Claire ne cesse, par lettres, de demander des nouvelles de la santé des uns et des autres, elle suit chacun malgré la distance. Quand elle rentrait à Lauret, après plusieurs jours ou semaines d'absence, et qu'elle apprenait que certaines personnes étaient malades, elle allait au plus vite leur rendre visite. Elle leur apportait son sourire et sa joyeuse conversation, elle soutenait et encourageait ceux qui en avaient besoin.

Cet attachement aux malades explique aussi, parallèlement à son amour de la Vierge Marie, qu'elle ait tant aimé Lourdes, et qu'elle ait participé, trois étés consécutifs, au pèlerinage national, se mettant à leur service. Les témoins sont formels, la charité de Claire faisait merveille : elle était très délicate avec les malades, elle avait la parole, le geste et le sourire qui apaisent. Des malades la recherchaient, elle était très douce, patiente. Elle le faisait sans chercher à se mettre en valeur. Elle était attentive à ne pas les humilier, à se mettre à leur portée. Sa manière d'approcher les malades manifestait qu'elle avait l'habitude de le faire, il n'y avait aucune gêne au contraire, elle était profondément elle-même.

Une responsable du pèlerinage écrit à Mme de Castelbajac après la mort de sa fille : « Depuis plusieurs années, Claire venait à Lourdes pour le pèlerinage national et sa présence, à la fois discrète et attentive, apportait aux malades comme aux bien portants un soutien et une affection qui leur étaient précieux. Son nom lui convenait merveilleusement. On imagine le vide ressenti par vous lorsqu'on mesure la place qu'elle avait su prendre dans la salle Saint-Jean-Baptiste, pendant les quelques jours de pèlerinage, chaque année. »

Claire est particulièrement touchée par les malades, dont elle s'occupe avec cœur, elle écrit à l'une de ses sœurs :

Quelques malades de l'année dernière sont revenus aussi avec la même sérénité et d'autres nouveaux que l'on voit changer d'esprit d'heure en heure. Ça doit être ça le miracle de la Sainte Vierge, de donner la paix de l'âme… Hier j'ai vu une miraculée anglaise qui, après la piscine, a pu bouger un bras dont elle souffrait depuis 15 ans. Elle en était tellement heureuse que quand elle montait au Calvaire avec nous, elle pleurait en faisant des moulinets avec son bras. Après elle nous a bénis. Je t'avouerai que ça m'a fait plus d'effets que quand c'est le Pape… (LF 13.08.1973).

LA CHARITÉ DU SOURIRE

Aidez-moi à aimer Isabelle. Elle a peut-être des défauts, mais elle a sûrement des qualités que peut-être elle ne développe pas mais elle en a comme tous les autres hommes. Et moi, pécheresse, je ne vois que ses défauts. Mais Jésus Chéri, Doux et humble de cœur, qui avez aimé les hommes jusqu'au plus méprisant, avec Vous, avec Vous seul, j'arriverai à l'aimer, ça sera dur, mais j'y arriverai, si je ne l'aime pas, si vraiment je ne peux pas, je ferai comme si et je me dirai qu'elle vaut certainement plus que moi, alors je l'aimerai (23.11.1966).

Cet extrait de son journal intime écrit à l'âge de 11 ans nous dit une des lignes de fond de ce qui habite profondément le cœur de Claire.

Elle comprend que le Seigneur ne lui demande pas d'avoir des affinités naturelles avec tous ou d'aimer chacun de la même manière, mais qu'Il lui demande d'aimer de manière surnaturelle, c'est-à-dire de porter sur les personnes, autant que cela lui est possible, le regard du Christ. Claire commence par constater que ce ne sera pas facile. Elle qui a du goût pour les choses de Dieu et qui a du goût pour la vie, éprouve maintenant une forme de dégoût pour cette jeune fille de sa classe, d'un abord peu avenant, délaissée par les autres élèves et toujours seule dans la cour de récréation. Elle est en même temps bouleversée par la solitude et la souffrance de cette écolière. Elle va mener un réel combat contre son propre cœur pour changer son regard et ne pas entretenir ces mauvais sentiments. Comme elle le lira plus tard dans les écrits de Charles de Foucauld, Claire pressent que « vouloir aimer c'est déjà aimer » et essaye de le mettre en pratique. Elle sait qu'à travers le sourire qu'elle peut donner, c'est Dieu qui se manifeste, c'est le Seigneur qu'elle porte et qu'elle transmet. Elle prend donc la résolution d'aller voir la jeune fille, de lui manifester de l'intérêt, de la bonté, de lui témoigner de l'amitié et de le faire dans la durée. Cette attention et ce témoignage par le sourire se poursuivent avec l'âge. Claire demeure gaie, attentive aux autres, généreuse, donnée sans attendre de retour. Son caractère fait d'ouverture et de générosité envers les autres prend sa source dans son cœur qui sait leur faire place et leur porter toute son attention : tout simplement, les autres existaient, l'intéressaient. Et elle le leur témoignait d'abord par son visage ouvert, très souriant : elle faisait la joie des autres par sa finesse, sa subtilité, son éternel sourire.

Grâce à l'organisation de son travail scolaire à la maison, Claire peut consacrer beaucoup de temps à des distractions de plein air, au soin des animaux, au dessin, à la peinture. Des leçons de piano s'organisent pour elle à Toulouse, avec Mme Curie, chez laquelle sa mère l'accompagne chaque quinzaine. Claire étudie avec joie. Et l'hiver, il faut un certain courage pour passer, ne serait-ce qu'une demi-heure de suite, dans le salon de l'étage, non chauffé, où se trouve le piano. Rien ne rebute son ardeur : les doigts, sur le clavier glacé, sont pourtant vite engourdis... Elle fait de rapides progrès, et lors d'une petite audition, le 20 décembre 1962 – elle a 9 ans –, elle joue une musette de Bach, après huit mois de leçons. Les parents n'y assistent pas, et, à sa mère qui lui demande comment elle a joué, Claire répond :

> *Oh ! Madame Curie m'a fait des compliments, et elle a dit aux autres que si tout le monde jouait*

comme moi après 8 mois de piano, elle serait très contente. Mais vous savez, ce n'est pas à cause de moi, c'est grâce à vous, parce que vous me faites si bien travailler, tandis que les autres, leurs mamans ne s'en occupent pas… (20.12.1962).

Merveilleux sourire qui n'est pas seulement celui d'un visage, mais d'un cœur capable de vivre tout événement personnel par et pour les autres. Son professeur de piano en rend elle-même témoignage : « J'évoque Claire, sa gentillesse, sa douceur, la lumière de son regard, et son sourire lorsque nous avions bien travaillé. S'il y avait une élève entre toutes avec laquelle je sentais qu'il n'y avait pas de barrière, pas de doute et une grande confiance, je ne pouvais que penser à Claire, en regrettant toujours les occasions manquées qui me permettaient de la retrouver. »

Par ce sourire, elle manifeste combien elle est une fille spirituelle de sainte Thérèse. Elle enregistre à la fin de sa vie une cassette audio pour sa sœur Anne et nous y entendons une phrase de cette sainte très aimée et imitée : « Quand je souffre beaucoup, quand il m'arrive des choses pénibles, désagréables, au lieu de prendre un air triste j'y réponds par un sourire. Au début je n'y réussissais pas toujours mais maintenant c'est une habitude que je suis bien contente d'avoir contractée. » Les occasions de faire sienne cette pensée n'ont pas manqué dans la vie de Claire. Elle le dit elle-même au détour d'une confidence faite à sa mère :

> *Quand Papa m'exhortait à garder courage, dignité et sourire, je pensais que ce serait facile et en effet, je les ai gardés jusqu'à maintenant, même pendant la ponction lombaire, mais c'est bien difficile d'avoir encore du courage après ce que je viens de vivre* (LP 27.05.1971).

Lors du pèlerinage en Terre sainte, un des participants dit avoir été frappé par son courage physique, alors qu'elle souffrait de nouveau d'une douloureuse sciatique. Cela s'est particulièrement manifesté lorsqu'elle a traversé le désert sous un soleil torride et avec une soif ardente : pas une seule plainte et avec le sourire, ce qui ne fut pas le cas de tous.

Son imagination est toujours féconde lorsqu'il s'agit de faire plaisir autour d'elle. Et quand elle n'a rien à donner, elle sourit… Mais son sourire lui valut un jour une mésaventure : des ouvriers travaillaient dans sa rue, creusant des tranchées pour des canalisations. Claire ne savait comment leur manifester de la sympathie et pourtant, le désirait réellement. Alors chaque fois qu'elle passait près d'eux, elle leur souriait, sans dire mot. Dans sa candeur, elle n'imaginait pas qu'on pût interpréter son sourire comme une avance… Ce fut pourtant ce qui arriva. Et l'un de ces hommes, un soir, la suivit. Elle fut affolée… Heureusement, son immeuble était gardé dès l'entrée de la cour. Elle fut vite en sûreté, et les jours suivants fit des détours afin d'éviter ces ouvriers. Mais elle eut très peur, et surtout elle fut très déçue que des sourires pussent devenir source de dangers… Mise en garde par ses proches sur une naïveté à corriger, la limpidité du cœur de Claire en connut une douloureuse déception.

Après le retour à Dieu de Claire, la mention du sourire sera présente dans les lettres de condoléances, comme la trace laissée dans les cœurs par ce visage lumineux. Les étudiants de l'Institut central de restauration d'art, où Claire étudiait, écrivent : « Nous avons fait célébrer une Messe pour Claire à laquelle tout l'Institut, des professeurs aux élèves, et même les huissiers, a participé d'une façon émue. Claire avait toujours pour nous tous, un sourire, un mot gentil, un geste affectueux… » (Témoignage du 18.02.1975).

JAMAIS DE CHOSES IMPOSSIBLES

Si tu les offres au Seigneur et que tu t'appliques à bien faire ton devoir en pensant au bonheur de tes parents et de tes amies de te voir heureuse, les moments moins agréables seront vite et bien passés (LA 15.04.1969).

Claire ne cherchait pas les croix. Elle ne croyait pas en un Dieu ami des prouesses et dont on obtiendrait grâces et faveurs en récompense d'efforts surhumains. Sa prudence lui faisait fuir une religion qui sentait la sueur ou le dolorisme. Elle avait un rapport juste aux pratiques ascétiques et à la souffrance et n'en rajoutait pas. Certes, adolescente, elle était active envers les personnes en difficulté et les malades, mais en faisant des gâteaux pour les pauvres le dimanche, elle faisait ce qu'elle pouvait, en proportion de son âge. Elle dit un jour à une de ses tantes : *Le bon Dieu ne demande jamais de choses impossibles, Il demande seulement de faire les choses comme elles viennent* (12.05.1963). C'est cette conception droite et ajustée du devoir d'état qui l'habite : accomplir son travail et les tâches aussi contraignantes que nécessaires, avec application et dans une présence pleine à ce qui doit être fait. Mais pour Claire, c'était bien plus qu'une obéissance à un précepte éducatif. Elle avait le goût du devoir d'état en ce qu'il lui évitait les états d'âme, la rendait libre et sereine quant à ses priorités. Cette manière d'aborder les choses à faire ne manquait pas d'étonner les amies de son âge, de détonner, mais aussi de les contaminer par la saveur trouvée dans le travail quotidien bien fait.

Cette pratique n'a cependant pas été exempte de combats comme en témoigne l'histoire suivante : Claire, étudiante à Toulouse, occupait une chambre contiguë à celle d'une autre étudiante qui ne lui était pas du tout sympathique. Sa mère lui avait suggéré qu'il serait charitable d'aller voir cette jeune fille qui venait d'arriver, ne serait-ce que cinq minutes, même si rien ne les rapprochait. Mais Claire n'y était pas disposée. Par ailleurs, elle demanda à sa mère, pour « ses pauvres », soit davantage d'argent mensuel, soit de donner des leçons pour gagner de l'argent. Sa mère considéra que sa fille faisait déjà suffisamment pour des personnes démunies ou isolées et lui dit avec fermeté que son devoir d'état n'était pas de donner des leçons pour avoir de l'argent pour « ses pauvres », mais de suivre ses cours en faculté et de préparer son concours de Rome de son mieux. Quant à lui donner davantage d'argent pour qu'elle le donnât à son tour, il n'en était pas question non plus. Le ton monta et elles se mirent toutes deux en colère, Claire contre le refus de sa mère, sa mère contre son insistance. Quand Claire insista sur la « charité », sa mère lui rétorqua qu'elle pouvait l'exercer simplement en allant voir un moment cette étudiante voisine qui ne lui plaisait pas. C'était ainsi lui montrer comment faire œuvre de charité avant tout avec l'ingrédient placé sous son nez. Claire rapportera à son amie Anne le discours sans détour de sa mère : « C'est pour ton plaisir personnel et ta satisfaction propre que tu donnes aux pauvres, que tu veux t'occuper des vieux de l'hôpital, que tu fais chanter les enfants, et que tu souris à tout le monde; la charité, c'est d'aller voir ta voisine qui en a peut-être besoin et de réconforter les gens tristes », et Claire poursuit dans sa lettre : *J'étais remplie d'une rage froide et je n'avais pas avalé l'accusation. Eh bien, le lendemain, je me suis dit pendant le sermon que Maman n'était tout de même pas une courge et une tête en l'air et j'ai réfléchi. J'ai tellement réfléchi qu'à la fin du sermon, je me suis dit que c'était vrai* (LA 01.12.1971).

D'une manière très intéressante, l'orientation réjouissante de Claire vers Dieu et vers le prochain, a été perçue comme une sorte de bon sens. Plutôt que de spiritualiser celle qu'ils ont connue, ses proches préfèrent donc parler d'elle comme d'une fille avec les pieds sur terre, qui aime vivre, mais dont la joie ou le plaisir de vivre sonne juste. Elle avait beaucoup de bon sens mais elle était également créative et pouvait faire son devoir d'état avec beaucoup de fantaisie. Dans cette combinaison paradoxale du devoir et de la fantaisie, ne trouvons-nous pas le témoignage de cette liberté vraie des enfants de Dieu, si chère à Claire ? Ce bon sens s'exerçait au quotidien dans maints domaines.

> *Quelquefois je me demande ce que je fais ici, dans cette ville de dingues, cette capitale étrangère, cet envahissement forcé des idées modernes, intellectuelles ou blasées, dans cet Institut où l'on apprend par exemple à rester indifférent au métier de restauration, à ce je m'enfoutisme perpétuel s'infiltrant partout. Et puis, mon petit bon sens répond à cette interrogation que je me pose, indifférente, comme pour quelqu'un d'autre... Et je vois la chance incomparable que j'ai, après celle d'être ici, de m'intéresser à ce que je fais, d'avoir la possibilité matérielle de boire la vie, de remplir mon esprit, de le bourrer de provisions*

intellectuelles, la chance encore plus merveilleuse de pouvoir garder intacts et sans problèmes ma santé morale, et mon équilibre psychologique, même si, quelquefois, il sombre un peu dans les tourbillons de mes fantaisies (LP 12.11.1973).

Un autre aspect de sa capacité à vivre les choses comme elles viennent est son sens du sacrifice. L'expression « faire un sacrifice » semble désuète car elle est couramment associée aujourd'hui à l'idée de souffrance volontaire. Pour Claire, offrir un sacrifice renvoie à l'acte étymologique de rendre quelque chose sacré. Elle découvre avec le temps qu'offrir une difficulté, une épreuve, un effort, une souffrance physique, équivaut à ouvrir. Ouvrir l'événement à la présence du Seigneur et à son œuvre. C'est lui laisser de la place, c'est lui permettre de retourner l'événement en bien et pour sa gloire, et qu'il en devienne ainsi sacré. Elle apprend donc à accueillir toute chose dans cet esprit d'ouverture pour l'offrir au Seigneur qui s'offre Lui-même à elle dans les événements. *Heureusement que maman m'a appris à offrir le moindre acte, sinon le Bon Dieu serait bien mal accueilli dans mon âme* (LM 8.03.1971).

Lu quelques pages du Livre du Maître de maman [un livre de catéchisme] : jamais compris à quel point « la sainteté, c'est l'amour à vivre les choses ordinaires pour Dieu et avec Lui, avec sa grâce et sa force ». Avais toujours cru que c'était l'acceptation et non l'amour. Ça change tout et c'est lumineux. […]

Accepter : c'est un peu se dire : Bon! On m'envoie cette tuile, prenons-la du bon côté et offrons-la à Dieu.

Se résigner : cette tuile m'embête; de toutes façons, pas d'autre moyen que de l'offrir à Dieu.

En faire de l'amour : Dieu a la bonté de m'envoyer cette tuile pour que je la lui offre de tout mon cœur pour sa gloire.

N'empêche qu'il faut avoir une sacrée couche de sainteté pour faire de toutes les choses de l'amour… Ho capito… [J'ai compris] (Journal 17.10.1972).

UN CHAPELET EST TRÈS EFFICACE

Ô Marie qui êtes pure comme le lys du jardin, je vous demande, à vous la Mère de Dieu, de remercier pour moi le Seigneur notre Dieu ou votre Fils, que vous avez tellement aimé, d'être venu dans mon cœur. Je ne suis capable de ne dire que ça : Merci mon Dieu d'être venu dans mon cœur, moi qui ne suis rien à côté de vous (Au dos d'un dessin, 1962).

Vers l'âge de 6 ans, Claire reçut de l'une de ses grand-tantes, Fille de la Charité de St Vincent de Paul, une statuette de la Vierge des Apparitions de la rue du Bac à Paris. Humble petit cadeau en matière plastique au grand jour, mais devenant phosphorescent dans l'obscurité. Claire en fut émerveillée et y attacha aussitôt une grande signification et une grande dévotion, de ce jour jusqu'à sa dernière maladie. Cette statuette, que nous conservons encore, est tout usée à la figure et aux mains, tant elle s'en est servie, petite fille, pour prier. Elle la tenait dans sa main pour s'endormir et il n'était pas rare qu'elle la gardât ainsi toute la nuit… Claire emporte « sa Sainte Vierge » partout – en pension, en vacances, dans ses voyages, à Rome, et même en Israël –, comme elle emporte son chapelet. Elle qui est tant éprise de beauté, attache un prix inestimable à cette humble statuette en vile matière, parce qu'elle est la marque visible de son amour pour Marie et de la protection maternelle qu'elle goûte en retour. De même, elle a toujours attaché dès son plus jeune âge un très grand prix au port de sa médaille de baptême représentant cette même Vierge de la rue du Bac. Elle l'a gardée au cou jusqu'à son dernier jour et y joint en 1971 une médaille de saint Benoît. Elle ne les portait pas par superstition, mais dans la profonde conviction de la protection des saints, et spécialement de celle de la Sainte Vierge. Elle compte sur Marie et sur son ange gardien, sur ses saints préférés, comme sur des personnes visibles, attentives, efficaces et leur confie chaque événement de sa vie.

Son attachement à Lourdes est profond. Au-delà de la proximité entre Lauret et Lourdes qui facilite les déplacements, Claire garde comme un trésor le souvenir que son grand-père, alors qu'il avait 6 ans, a vu Bernadette en extase à Lourdes. Ce haut lieu des apparitions concrétise sa grande dévotion mariale. Et Claire y va souvent durant son enfance et son adolescence. À partir de l'été de ses 19 ans, c'est avec enthousiasme qu'elle s'engage à servir dans les salles de malades, au cours du pèlerinage national, comme de très nombreux cousins et cousines, et amies de son âge. Cette année-là, un groupe de malades d'un hôpital d'Alsace vient pour la première fois. Il a été très difficile d'obtenir les autorisations administratives nécessaires, d'autant plus que, dans ce groupe, se trouve une grande malade pour laquelle un tel voyage paraissait insensé. Claire est chargée de veiller sur elle. Un soir, l'état de la malade s'aggrave et elle sombre dans le coma. Les voisins expliquent à Claire que si elle meurt à Lourdes, l'hôpital alsacien ne donnera plus jamais d'autorisation pour un nouveau pèlerinage. Alors Claire s'agite et réclame auprès des infirmières : – *Il ne faut pas qu'elle meure à Lourdes, faites quelque chose.* – Mais il n'y a rien à faire. – *Mais si, faites-lui une piqûre d'eau de Lourdes!* On la rabroue, évidemment. Claire est outrée : – *Mais vous n'avez pas la foi!* Et, désolée, elle retourne auprès de la mourante et y reste à prier jusque vers 11 heures du soir. Puis elle regagne sa tente, au camp des jeunes. Le lendemain, quelle n'est pas sa surprise de voir « sa » malade, encore bien mal, mais la reconnaissant et lui souriant ! Claire enquête discrètement : – *Que lui a-t-on fait?* –... *Eau de Lourdes... Mais n'en parlez à personne!* (août 1972).

C'est à Lourdes que Marie se fait reconnaître comme Immaculée dès sa conception. Préservé du péché, le cœur de Marie, dans sa pleine pureté, laisse passer entièrement la lumière et l'amour de Dieu. L'attachement de Claire à Lourdes se comprend aussi par son profond désir de refléter Dieu à travers la pureté de son cœur. Dans un cahier de notes, elle écrit, à 11 ans : *Ô Marie, donnez-moi votre pureté afin que je vous ressemble.* Deux ans plus tard, Claire découvre la prière du Père de Grandmaison et la fait sienne : « Sainte Vierge Marie, gardez-moi un cœur d'enfant pur et transparent comme une source. » Avoir un cœur pur revient dans ses discussions avec sa mère ou ses amies proches. Elle cherche à lire la vie des saintes qui ont donné un fort exemple de pureté : sainte Germaine, sainte Bernadette, sainte Thérèse de l'Enfant-Jésus...

La dévotion de Claire au Cœur immaculé de Marie la conduit aussi à mettre en pratique les paroles de la Vierge lors des apparitions de Fatima : communier le samedi en réparation des offenses. Ainsi, Claire, dès l'adolescence, a un attachement tout particulier à la messe du samedi, pourtant célébrée à 7 h 30 à Lauret. Elle s'y rend fidèlement même si elle s'est couchée tard la veille. Un samedi soir, elle dit à sa mère en confidence : *Savez-vous ce que j'ai demandé ce matin ?.. que je reste toujours pure, comme je l'étais après mon baptême* (26.10.1963). Ce désir de pureté habitera son cœur toute sa vie. Elle comprend que la pureté n'est pas un état à conserver mais une grâce à acquérir et qu'il lui faut prier pour cela et se confier beaucoup à la Vierge Marie. À une amie, elle écrit en mars 1970 :

> *Te souviens-tu de la prière que nous disions le 8 décembre ? Dis-la avec moi tous les matins, quand tu entends la grosse voix de la Mère te réveiller, l'esprit encore ensommeillé : « Ô Marie immaculée, je vous confie la pureté de mon cœur, soyez-en la gardienne pour toujours. » Tout notre amour est résumé là* (LA 09.03.1970).

Elle demande à sa mère d'écrire cette invocation en bonne place dans le livret de préparation à la première communion dont elle se sert pour les enfants du catéchisme. Elle insiste : *C'est si important que les enfants connaissent et disent cette prière.*

Nous sommes pourtant en 1969, à une époque où les valeurs traditionnelles sont remises en cause, où se fait jour une radicale « libération » des mœurs et où la morale est rejetée parce que considérée comme une entrave à la liberté personnelle. Dans ce contexte, Claire est un réel et lumineux témoignage de pureté et de droiture morale, largement remarqué par ceux qui l'entourent. Ainsi, elle s'interdit la compromission avec le relativisme ambiant et prend garde à ne jamais renier ce qui l'habite au plus profond. Elle fait preuve d'une authenticité déconcertante, qui devient source d'interrogations pour ses contemporains. Loin de fuir la réalité de ce qu'elle est, les questions que cela pose ou les combats que cela implique, elle fait le choix à chaque instant de se garder pure, par conscience de sa dignité de fille de Dieu et de femme. *Alors, je prie, je prie pour avoir le courage, je pourrais même quelquefois dire l'héroïsme de résister, de n'avoir aucun ragazzo [petit ami], même étranger, avant mes fiançailles* (LP 30.01.1973). Cela lui permet de montrer une unité de vie authentique et d'avoir une spontanéité et une fraîcheur en toutes situations. Claire est toujours à l'aise et elle-même, quel que soit le milieu ou la culture de celui qu'elle rencontre : elle n'a rien à cacher.

JE SUIS HEUREUSE

La vie est belle, le temps aussi, de même le dessin au lavis que j'ai fait : mon premier lavis!
[...] Un ouvrier chante et il est heureux de vivre. Moi aussi. Un rayon de lumière joue sur les briques du foyer. C'est drôle, en y réfléchissant, que de motifs de bonheur peut-on trouver! (LP septembre 1969).

La joie fait partie des attributs les plus cités pour caractériser Claire. Pourtant, ce n'est qu'à la fin de sa vie qu'elle dit avoir découvert « la vraie joie des enfants de Dieu ». Quelle est donc cette joie qui l'habite et qu'elle ne cesse de chercher durant toute sa vie?

Dès la sixième, chaque lundi matin, Claire part en pension à Toulouse où elle retrouve, pour une nouvelle semaine, une ambiance qu'elle met du temps à apprécier. *« Sois gaie et indulgente » me disait Papa tous les lundis matin : je me permets de te le souhaiter très vivement* (LA 03.01.1972), racontera-t-elle plus tard à une amie. Accordant une grande valeur aux paroles de son père pour leur sagesse et leur vérité, Claire les reçoit, même si elles entrent en contradiction avec ses émotions, et elle les fait siennes progressivement.

Pour appliquer la recommandation paternelle, Claire, dès ses 8 ans, a trouvé un modèle et des moyens concrets. Elle découvre dans un livre pour enfant d'Eléonore H. Porter le personnage de Pollyanna, une petite fille à la vie éprouvée qui convertit tout malheur en motif de bonheur. Claire décide de l'imiter, d'être toujours contente, d'apprendre à se satisfaire de ce que la vie lui donne et de transformer les événements en y voyant ce qu'ils ont de positif. Plus tard, elle trouvera d'autres astuces pour être joyeuse, dont ce conseil familial qu'elle se plaît à citer avec humour et tendresse, comme un trésor de sagesse, à une amie déprimée :

> *Tu as le devoir d'être heureuse, et quand tu as le cafard, rappelle-toi la phrase que ma tante disait à ses filles : « Mes filles, quand vous sentez que ça ne va pas, prenez un petit verre d'armagnac, et faites un quart d'heure d'oraison ! »* (LA 03.01.1972).

Une des grandes finesses d'âme de Claire est d'avoir conscience de ce qu'elle doit, dans les deux sens du terme : à la fois de ce qui est de son devoir et de ce dont elle est redevable. Claire comprend très jeune que la plus grande gratitude pour l'amour reçu est précisément d'être dans la joie. Elle en fait donc une priorité, une nécessité, pour remercier ceux à qui elle doit tant, en particulier ses parents. Elle leur écrit ainsi :

Comment vous prouver mon amour sinon en vous prouvant que je suis heureuse? Eh bien! Je vous aime vraiment beaucoup, parce que je suis très heureuse. Donc, si je vois les grands traits de ma vie, je suis plus heureuse que quiconque. Et les petits travers, j'en rirai dans deux ans. Alors, pourquoi pas tout de suite? (LP 20.01.1970).

C'est en ce même sens qu'elle invite une amie à être joyeuse et à montrer des signes de bonheur, en guise de cadeau de remerciement fait à l'autre :

Essaie de prendre sur toi et de montrer une figure souriante et heureuse et un excellent carnet. C'est ce qu'ils espèrent obtenir de toi comme tous les parents du monde. Évidemment il y a aussi quelques moments moins agréables à passer pour les obtenir. Si tu les offres au Seigneur et que tu t'appliques à bien faire ton devoir en pensant au bonheur de tes parents et de tes amies de te voir heureuse, ils seront vite et bien passés... Essaie... (LA 15.04.1969).

Claire perçoit ainsi qu'être joyeuse est un véritable choix. Choisir la joie n'est pas choisir une joie facile et naturelle, avoir un tempérament gai, mais c'est passer réellement de l'émotion à la décision d'être heureuse. Et ce peut être, paradoxalement, au prix de douleurs :

Je souhaite que la Paix, bien que douloureuse, que je lis dans ta lettre, tu la possèdes dans la vie de tous les jours, car, si j'en crois mon expérience, c'est bien difficile : pour s'encourager et forcer la main du bonheur et de la paix, presque, on se l'invente un peu (LA 24.06.1974).

Au-delà d'une disposition intérieure tournée vers la joie, le choix de la joie est pour Claire une attitude du cœur profondément spirituelle. La joie que Claire cherche et veut revêtir est une joie profonde et inébranlable : celle des enfants de Dieu. Elle répond à une résolution de vie en Dieu prise dans l'émerveillement de tout ce qui est reçu de Lui, par Lui et en Lui et dont les autres, à commencer par ses parents, sont les instruments. La gratitude de Claire envers ses parents se nourrit de la conscience de tout ce qu'elle a reçu de Dieu à travers eux : sa naissance, son baptême, son éducation affective, humaine et spirituelle... Remercier ses parents en étant joyeuse est, plus profondément, remercier Dieu en posant ce choix du bonheur.

> *C'est magnifique ! Ce matin, je suis allée à la Messe et j'ai communié. J'ai pensé que mon Créateur était dans mon cœur. C'est merveilleux ! Je l'ai longuement remercié et j'ai pensé à vous chers parents qui m'avez appris à prier. Je vous dois tout et je vous remercie plus que je ne peux le dire ou le penser. Depuis ce matin, une joie immense m'inonde* (LP 17.10.66).

Claire va donc exprimer, construire et enraciner sa joie par l'action de grâce. Et au fil des années, elle a une conscience croissante que plus elle remercie, plus elle reçoit. Ne pas remercier lorsqu'on reçoit un bien quel qu'il soit, n'est-ce pas considérer qu'il nous est dû ou ne pas reconnaître que c'est un bien ? Cette attitude fait perdre le don reçu. N'est-ce pas l'un des sens de ce passage de l'Évangile où il est dit : « À celui qui a, on donnera davantage et il sera dans l'abondance et à celui qui n'a pas, on enlèvera même ce qu'il a » (Mt 13,12) ? Autrement dit : celui qui dit qu'il n'a pas, il lui sera enlevé même ce qu'il a et celui qui dit qu'il a et qui remercie, il lui sera donné davantage. C'est ce que Claire s'efforce de vivre.

Chaque journée pouvant apporter son lot de contrariétés et de problèmes, être heureuse et rayonner de joie est pour Claire son offrande et son sacrifice : un sacrifice de joie pour Dieu. Et si la joie des enfants de Dieu, à laquelle elle aspire dès ici-bas, est une joie exigeante, c'est qu'elle est le lieu du combat :

J'ai énormément de difficulté à être pleine de la joie de Dieu. Je me dis qu'au milieu de cette boue païenne, il faut que je fleurisse par Dieu, donc vivre de Dieu, donc la Joie de Dieu. Et, effectivement, au début, on me demandait pourquoi j'étais toujours gaie… Maintenant, on ne me le dit plus, et je dois être gaie, sous peine de manquer de témoignage. C'est en quelque sorte un peu du martyre (LP 26.02.1973).

Le choix du bonheur reste un combat de chaque jour. Claire semble y déployer le courage et la vigilance de l'exhortation à veiller et prier : elle veille à déraciner en elle les pousses de pessimisme, découragement, amertume ou tristesse qui viendraient troubler la joie. Après les difficultés de sa première année à Rome, elle écrit :

C'est facile d'avoir « la Joie de Dieu » quand on est bien lavé, aimé, nourri, soigné… ce n'est pas la joie de Dieu, alors! C'est tout bêtement la joie de Vivre. La joie de Dieu c'est quand Dieu prend plus de place dans ton âme que tout le côté humain et désespérant (LA 03.05.1974).

BÉNIE SOIT LA PROVIDENCE !

Je continue à nager dans la Paix et la joie intérieure, j'aime tout le monde et j'ai envie de rendre tout le monde heureux, ça doit être ça, la joie de Dieu. Depuis le temps que je la cherche (LP 29.07.1974).

La vertu d'espérance, enseigne le *Catéchisme de l'Église catholique,* « répond à l'aspiration au bonheur placée par Dieu dans le cœur de tout homme » (CEC n° 1818). Une telle définition paraît si accordée à la brève vie de Claire, qu'on peut se demander si elle n'offrirait pas à notre temps un véritable modèle d'« aspiration au bonheur ». Pas n'importe quel bonheur, cependant. La vertu d'espérance a toute sa dimension théologale en Claire. À partir de l'été 1974, au terme de son parcours sur terre, sa quête du bonheur a pris sa forme définitive et l'on comprend que c'est bien du bonheur « en Dieu » qu'il a été toujours question.

Pour ses contemporains, Claire laissait paraître pleinement sa confiance dans la main providentielle de Dieu sur nos vies : Dieu s'occupe de nous, il fait les choses comme il faut, pourquoi s'inquiéter ? Le Père Hurstel qui a connu Claire à Lourdes, alors qu'elle prodiguait son amour aux malades de la salle Saint-Jean-Baptiste à l'Accueil Notre-Dame, en donne le témoignage suivant : « C'était une âme pleine de délicatesse, toute de lumière, et rayonnante de joie. Elle faisait une forte impression. On sentait qu'elle était habitée par Dieu, elle vivait déjà dans l'au-delà, avec Marie, les Anges, les Saints et Saintes, comme avec des membres de sa famille : ils étaient ses amis et elle traitait avec eux de tous ses problèmes, attendant une réponse dans une confiance imperturbable. Et jamais elle n'a été déçue. D'ailleurs ce que Dieu avait voulu pour elle, elle le voulait également, d'où sa paix profonde. On lui avait volé son portefeuille à Lourdes. Elle dut sans doute faire appel à son Ange gardien : en tout cas, elle nous affirma imperturbablement qu'elle le récupérerait. Ce qui fut vrai » (Témoignage du 15.11.1975).

Dès son enfance, le caractère de Claire est celui du « lys des champs » de la parabole de saint Matthieu. Elle ne nourrit aucune crainte pour les événements présents ou futurs. « Ce n'est pas orgueil ou présomption de sa part, mais un optimisme inaltérable qui la fait avancer dans la vie avec assurance, simplicité, sérénité, dans la plénitude de sa confiance en Dieu », explique sa mère (février 1959). Plus tard, lorsqu'elle prépare l'exigeant examen d'entrée au Restauro, elle ne perd pas de temps à envisager un possible échec qui n'apporterait que du découragement ou de l'anxiété. Elle avance, calme et tranquille, visant la réussite et posant les actes pour y parvenir, dans la certitude que tout sera au mieux : *Puisqu'il y aura des reçus, pourquoi pas moi ? Tout ira bien – Tout s'arrangera.* Sa manière de ne douter de rien, dit un de ses amis, nous « laissait sur place ». Elle fut pour beaucoup un moteur pour les entraîner à vivre cette confiance à leur tour.

Mais qu'entend Claire par le mot de « Providence » si fréquemment utilisé, notamment dans sa correspondance ? Jusqu'à ses premières années d'adolescence, la Providence désigne souvent sa gratitude lorsqu'elle constate, rétrospectivement, que Dieu a arrangé les choses : *Bénie soit la Providence qui a voulu que je ne fasse ma colle que mercredi sans ça je n'aurais pas pu sortir avec vous. Amen !* écrit-elle, avec un peu de facétie, à ses parents (LP 25.03.1956). Mais cela révèle un mouvement plus profond en elle, que les années ne cesseront de creuser : l'abandon à plus grand qu'elle, à Celui qui a une totale visibilité sur les événements dont elle ne peut voir qu'une partie, et qui veut fondamentalement son bien. Que les épreuves soient petites ou grandes, physiques ou morales, Claire les traverse en se mettant tout entière entre les mains de Dieu. Durant la période où mère et fille ont un important problème de santé nécessitant une intervention chirurgicale pour chacune, elle écrit à une amie :

Ma chère amie, je pense à toi très souvent et te demande de prier pour nous, car cela devient crucial. Opération de maman en septembre ; et moi, probablement début août, inch'Allah ! 4 chances sur 5 que ça réussisse. Ayons confiance (LA 12.07.1971).

C'est encore avec cette confiance qu'elle rassure ses proches, sa sœur Pauline par exemple : *Je t'écris de l'Hôtel Dieu de Toulouse car j'ai une sciatique, moi aussi – T'affole pas, ma pauvre vieille, je te répète qu'il y a la Providence* (LM 21.05.1971). Et dans son langage de jeune fille, avoir « de la chance » ou « du pot », ne renvoie pas à un hasard bénéfique mais bien à la confiance absolue dans la volonté de Dieu. Ce sont ses synonymes pour désigner la Providence qui ne cesse de s'occuper d'elle et de la combler : *Je suis pleine de pot, de chance et de bonheur* (LP 14.03.1973). Une autre fois : *Ce sera de toutes façons pour le mieux j'ai grande confiance dans la main de la Providence : avec tout le pot que j'ai, il manquerait plus que ça* (LP 25.09.1973). Ou encore ceci : *Priez pour que l'appartement ça marche : je mise tout dessus, ne cherche rien d'autre, et fais confiance, avec intrépidité, à mon pot légendaire* (LP 09.10.1974).

Quels que soient les moments où la vie doit être prise avec sérieux, Claire a toujours cette même confiance dans un Dieu qui exerce sa paternité auprès d'elle et à qui elle peut absolument tout confier. Son abandon à la Providence n'a pas d'angle mort. Aucun domaine de sa vie n'en est exclu. Ainsi, dans sa vie affective, lorsqu'elle hésite à créer un lien plus sentimental avec un garçon pour lequel elle a beaucoup d'amitié, elle écrit à son amie Anne : *Laissons faire la Providence* (LA 23.02.1974). Elle accepte de ne pas tout contrôler, ni de forcer les choses si, au fond, elles ne doivent pas se faire. Elle laisse les réponses venir à elle, au moment et dans la forme qui seront les leurs, en tenant son cœur prêt à les recevoir dans une prière confiante.

Cela n'est pas sans un acte de foi, d'ouverture et d'abandon parfois comme en témoigne cette lettre par laquelle elle annonce à une amie son départ pour Rome :

Je pars le 7 pour Rome, à mon très grand regret mêlé de fierté. Le pas est fait […] j'ai été reçue à mon concours. Me sens adulte et ça me fait une frousse énorme, car, à Rome, là où je vais, je serai au milieu de gens dangereux pour ma pureté et le respect des valeurs que l'on m'a appris à développer. Il faudra bien que tu pries et que tu fasses prier les gens, parce que je risque gros. Heureusement, il y a la grâce d'état ! Alors maintenant, je crève de peur (sincèrement) et j'ai une appréhension coliqueuse de ma future vie, mais quand je serai en plein dedans, je sais que Dieu m'aidera spécialement. Et je te remercie encore d'avoir permis que je sache que l'on retrouve 366 fois « Ne craignez pas » dans la Bible (LA 25.12.1972).

QU'EST-CE QUE DIEU VEUT DE MOI ?

Je voudrais tout donner au Bon Dieu, mais je sais que je n'ai pas la vocation religieuse et guère celle du mariage alors qu'est-ce que Dieu veut de moi ?

La période que Claire passe à Rome le temps de ses études est éprouvante pour la jeune fille. Claire résiste avec détermination pour défendre sa pureté face aux assauts des garçons, puisant dans sa piété mariale le secours dont elle a besoin. À cette époque, ne sachant pas quelle sera sa vocation, elle a le profond désir de rester intacte pour celui qu'elle épousera peut-être. Elle porte prudemment, dans ce sens, la médaille de saint Benoît : *l'expérience aidant, j'ai de plus en plus une grande confiance en saint Benoît; il m'aide beaucoup et aussi concrètement que possible* (LA 03.12.1972), n'hésitant pas à en expliquer la signification, non sans humour, aux garçons entreprenants : *Très efficace contre le Diable et les tentations!* Constatant son amitié naissante et réciproque avec un jeune étudiant tchèque marié, elle évite prudemment l'étage de l'institut où il travaille, afin de ne pas mettre son couple en difficulté, voire en danger.

Accepter d'offrir sa souffrance physique, renoncer à des joies ou à des circonstances légitimement convoitées, c'est une chose. Renoncer volontairement, par droiture et par générosité de cœur, à des êtres aimés en est une autre. Par trois fois, elle s'est attachée puis a renoncé à des garçons qui avaient touché son cœur. Elle a fait le coûteux sacrifice du premier dès qu'elle a compris qu'il aimait une autre femme, cousine de Claire, avec laquelle il s'est marié. Elle a réagi avec une remarquable délicatesse de sentiment, ne voulant pas que quelqu'un fît pression sur lui : *Je ne veux pas qu'on le force à m'aimer* (LM 20.09.1972). Elle a travaillé son cœur non seulement pour accepter ce mariage, mais pour s'en réjouir en vérité. Dans la suite, une fois l'offrande faite, Claire n'y reviendra pas, pour que le renoncement soit total.

Plus tard, à Rome, début 1974, une deuxième rencontre la touche, celle d'un jeune architecte. Elle tombe sous le charme de ce garçon, intelligent et chaleureux, de dix ans son aîné. Mais quelques semaines après leur rencontre, quand l'amitié est prête à aller plus avant, elle découvre qu'il entretient une relation avec une femme mariée. Aussitôt en éveil, et déçue, elle renonce à aller plus loin, et commande à son cœur, avec force, d'en rester là.

La troisième circonstance est plus ténue, plus délicate. Peu de temps avant sa mort, elle est attirée par un étudiant, un beau et grand garçon, intelligent, gai, spirituel, sans doute très accordé à ce qu'elle était et pouvait désirer comme compagnon de vie. Mais ce jeune homme est séminariste. Nous ne savons pas exactement quel chemin de renoncement le cœur de Claire a pu et dû faire, mais nous savons selon le témoignage de sa maman qu'elle fut alors dans « une grande paix qui me frappa, et sans aucune tristesse ».

Claire a cherché avec enthousiasme, et à certains moments avec bien des questionnements à quoi sa vie ressemblerait. Elle sait cependant en rire, comme en témoigne cette anecdote : en avril 1971, à la suite d'un tenace mal au dos, se déclare une sciatique. Elle est opérée en août et après avoir constaté la réussite de l'opération, elle déclare :

Si j'avais la vocation, je crois bien que je créerais un Ordre de Reconnaissance d'anciens malades. Il y aurait des adeptes, ne croyez-vous pas? Maintenant, je cesse de dire des bêtises, non par tarissement de la source, mais pour avoir la place de vous embrasser... (LP 09.08.1971).

Dans l'année 1971, Claire envisage de se lancer dans des études supérieures de restauration de peintures. Ce métier lui paraît répondre à ses nombreuses aspirations et à son goût des choses artistiques et intellectuelles. Elle voit aussi le côté pratique de ce métier : l'indépendance dans le travail. Pour elle, la présence de la femme et de la mère dans son foyer était d'une grande importance. Son désir de s'occuper attentivement elle-même de sa future famille lui fit voir d'un œil agréable la possibilité de travailler chez elle, à des heures et au rythme de son choix et de ses besoins, ou des besoins des siens. C'est aussi l'époque où elle échange beaucoup avec ses amies les plus proches sur la question du mariage. Plus tard, au début de l'année 1974, elle réagit à des fiançailles : *Tu ne peux t'imaginer à quel point je suis heureuse de tes fiançailles, [...] je n'ai toujours pas digéré ton bonheur, rassure-toi, j'y pense toujours autant, avec moins de passion, certes mais plus de tendresse* (LA 28.01.1974). L'une de ses amies, déjà mariée, lui écrit de manière directe : « À quand le mariage ? Tu sais, ça vaut le coup... le mariage est vraiment une Institution merveilleuse!!! » Début 1974, ses amis Anne et Christian organisent qu'elle rencontre, en vue d'un mariage, un certain Monsieur de… À cinq reprises, dans sa correspondance, Claire fait mention de cette personne avec beaucoup d'humour, touchée par la démarche de ses amis.

C'est avec Mère de la Vauzelle qu'elle va poursuivre à Rome son cheminement sur cette question : *Je vais à peu près une fois par semaine au Sacré-Cœur, où j'ai beaucoup de plaisir à voir Mère de la Vauzelle, de très bon conseil, bonne, très expérimentée* (LP 04.03.1973). Elle lui ouvre son cœur avec simplicité, voilà ce que nous en rapporte la religieuse : *Je voudrais tout donner au Bon Dieu, mais je sais que je n'ai pas la vocation religieuse et guère celle du mariage alors, ma Mère, qu'est-ce que Dieu veut de moi ? […]* « Soyez-Lui disponible et Il saura bien vous montrer au jour le jour ce qu'Il attend de vous » (Témoignage du 14.07.1975). Elle souffre cependant de ne pas voir clairement ce que Dieu attend d'elle. Elle le dit, elle l'écrit. Cela la poursuivra des années, mais sans exiger du Seigneur qu'Il vienne satisfaire une demande précise ni lui fixer d'ultimatum. Et elle s'interrogera jusqu'à sa conversion définitive. Claire a alors comme quitté toute préoccupation concrète d'avenir, vivant l'instant présent dans une grande paix. Ne pouvons-nous pas voir ici une ultime et magnifique manifestation d'une chasteté achevée, intégrée : Claire devenue chaste dans une juste distance avec son propre avenir, ne cherchant plus à connaître ou à maîtriser sa vie, ayant deviné que la question obsédante de la « vocation » est parfois une recherche de soi-même plus qu'une recherche de Dieu. Elle mesure que, jusque dans cette interrogation si légitime sur son avenir, elle peut s'abandonner totalement et avec pleine confiance. Il veille. Elle n'avait donc pas la vocation religieuse, au sens habituel du terme, quoiqu'elle l'eût ressentie au cours de ses jeunes années, comme de nombreux enfants pieux, et quoiqu'elle eût désiré l'avoir ainsi qu'elle l'a exprimé à plusieurs reprises. Non, pour Claire, il était une vocation plus impérieuse et plus directe : elle avait la vocation du Ciel. Et Dieu qui n'envoie pas de saints désirs sans les combler, ne la fit pas attendre. « Il se réservait cette âme en fleur qui avait atteint une vraie maturité avant l'âge tout en gardant la fraîcheur de sa jeunesse » (Mère de la Vauzelle, témoignage du 14.07.1975).

IL EST ÉCRIT DANS LE LIVRE DE MA VIE

Papa dit que s'introspecter est malsain, qu'il ne faut pas se demander si on est heureux ou pas. Eh bien, j'ai 20 ans, et je veux être heureuse, et pour l'instant, je suis dépassée par la solitude dans laquelle je me trouve entravée. Il est écrit dans le livre de ma vie qu'à l'âge de 20 ans et 6 mois, j'ai besoin de gens proches, très proches de moi, que j'ai besoin de chaleur affective et bienveillante. Et ici je ne la trouve pas! (LP 08.05.1974).

Malgré son tempérament joyeux, tout ce qu'elle a reçu et la profondeur de sa vie spirituelle, Claire porte en elle des fragilités et connaît de vifs combats. Elle déborde de vie, de passion, d'amour, à en être bouillonnante et excessive. Il lui faut dompter son caractère si sensible, entier et passionné. « Aucune mesure dans ce qu'elle aime, dans ce qu'elle désire, dans ce qu'elle donne », écrit son père. Cette impétuosité restera toujours une ligne de fond de son caractère. Ainsi en témoigne cet extrait de lettre de Rome : *À l'Institut, on rigole aussi de ce que vous m'avez toujours reproché [...] mes passions impulsives, et Sofia [une étudiante] m'a dit ce matin : Salut, la dynamite!* (LP 12.02.1973). Par un travail de longue haleine, elle s'efforce de trouver la juste distance dans ses attachements, qui lui permet de préserver sa vie intérieure pour l'orienter vers Dieu, une dimension essentielle de la vertu de chasteté...

Claire est sociable, généralement meneuse, mais cet élan vers les autres pâtit aussi d'une trop grande réactivité émotionnelle. Les affections de Claire sont marquées par des amitiés spontanées et impétueuses pour les uns, et des réactions parfois vives de rejet pour d'autres. En 1973 sa mère réagit – et ce n'est pas la première fois – avec fermeté : « Je te mets sérieusement en garde contre tant de passion dans tes sentiments!! C'est un peu effrayant que tu adores ou détestes choses et gens avec une telle fougue, un tel emballement au départ, sans aucun élément modérateur d'équilibre » (Lettre du 9.10.1973). Bien plus tard, en rangeant les affaires de sa fille décédée, Mme de Castelbajac retrouvera cette lettre très franche qu'elle lui avait écrite, soigneusement recollée après avoir été déchirée :

Claire a-t-elle eu un accès de colère devant la justesse des propos? Cela est possible, et même probable… En tout cas, le lendemain du jour où elle la reçoit, un télégramme parvient à ses parents, ainsi rédigé : *Institut [NDLR : elle veut dire « travail à l'Institut »] impeccable, sérénité, joie de vivre, tendresses, gratitude* (LP 16.10.1973). Ce dernier mot révèle le fond du cœur de Claire qui ne cherche pas à se justifier ni ne s'enferme dans sa chute. Elle est capable d'écouter et de rentrer en elle-même pour se fier à la sagesse de cette correction parentale et y trouver une source de reconnaissance.

En effet, l'âme de Claire a connu à partir de mars 1973 une tempête affective. Des fragilités, jusque-là canalisées, se sont exacerbées et la submergent. Toute à la joie d'être à Rome dans la pleine force de ses 20 ans, Claire n'en souffre pas moins de l'éloignement géographique de ses parents et de ses amis toulousains, et elle cherche à remplir ce vide affectif. Elle fait alors la connaissance d'un groupe de jeunes filles très sympathiques. L'une d'entre elles, intelligente, généreuse, légèrement plus âgée, impressionne par sa prestance. Claire est séduite, subjuguée même. Elle s'embarque dans cette relation de façon fusionnelle sans frein ni recul, additionnant toute l'intensité dont son cœur est capable, son besoin d'être rassurée dans une période difficile et un grand désir de communion, en écho avec la qualité d'amitié vécue avec ses amis de collège. Bien vite, elle y perd sa liberté intérieure et se laisse prendre dans une effervescence excitante : tourbillon des sorties, horaires sans régularité, conversations interminables, absence quasi complète de temps de solitude… Sa vie spirituelle et ses études en pâtissent dangereusement. Sa mère l'alerte sérieusement, elle l'invite à veiller sur son sommeil et l'assiduité au travail et l'encourage : « Tout ce que tu as reçu ou acquis par toi-même depuis ta petite enfance (sur le plan moral, psychologique et religieux) : cela compte d'une façon primordiale – Et ce que l'on a reçu, il est équitable de le faire partager aux autres » (Lettre du 9.10.1973).

Outre les conseils de tempérance et de modération qui précèdent, cette dernière mention est intéressante. En effet, la nouvelle amie de Claire ne partage pas son engagement spirituel ni l'intensité de sa foi. Claire qui, comme l'indique la lettre ci-dessus, entend depuis son enfance qu'elle a beaucoup reçu et doit aider les autres, se saisit de la mission de la rendre heureuse, d'être pour elle un repère et, au fond, de la convertir. Or, son amie n'est pas prête à recevoir ce que Claire veut lui transmettre et perçoit son attitude comme moralisatrice. En forçant les choses sans discernement et sans doute avec présomption, comme elle le reconnaîtra plus tard, Claire ne parvient qu'à l'exaspérer peu à peu et à tendre leur relation.

Il lui faut cependant du temps pour comprendre que l'amitié qu'elle entretient ne convient ni à l'une ni à l'autre. Plus mûre que Claire, peut-être, son amie s'en rend compte la première : *Elle dit qu'elle vit avec moi une vie qui n'est pas la mienne* (LF 7.03.1974). Et Claire, qui ne confond pas au fond d'elle-même l'excitation avec la joie, l'avoue dans ses moments de lucidité : *La vie continue ici, bruyante, échevelée, [...] rarement pleine de paix et souvent envahie de faux* (LA 21.11.1973). Au printemps 1974, une mise au point a lieu entre les amies. Claire s'entend dire ses quatre vérités et la relation cesse progressivement. Claire en ressort profondément humiliée. Non seulement elle constate qu'elle a gaspillé son année par cette vie désordonnée, mais aussi elle mesure qu'elle a agi avec orgueil, sans tact ni clairvoyance. Il s'ensuit un temps de douloureuse purification.

Cette épreuve permet à Claire de percevoir aussi que par ce lien, fait de possessivité et d'exclusivité, le vide de la solitude affective ressenti à Rome n'a pas été comblé, au contraire... Il lui faut maintenant l'affronter peu à peu. Voilà comment, deux mois plus tard, elle fera le récit de cette période douloureuse qui commence :

J'ai eu récemment avec une fille une amitié extrêmement profonde, réelle et loyale, ce n'était pas des rapports que l'on se créait amicaux par enthousiasme et poésie mais je peux affirmer que cette fille a été une excellente amie pendant un an. Jusqu'au jour où, il y a deux mois, elle m'a signifié que c'était fini entre nous car j'avais tel, tel et tel défaut et que ça ne pouvait plus coller. […] Son cœur s'est refroidi à mon égard comme si les conduites de mazout étaient brutalement coupées! Je ne veux pas que tu souffres comme j'ai souffert, presque jusqu'au suicide, et comme je souffre encore très profondément (LA 24.06.1974).

MAIS DIEU EST LÀ

Sans votre aide morale, vos prières et le refuge infiniment raffiné, délicat et stable des Rambaud, j'aurais pu continuer longtemps, et devenir une de ces poupées de l'esprit qui cherche en vain quelque chose de trop volontairement complexe pour être excusable, un bas-bleu séduisant et trompeur et, au fond, un cœur certainement bon et humain mais encrassé par l'intelligence, cette intelligence louche des théoriciens (LP 11.06.1974).

La dernière année de la vie de Claire témoigne d'une forte évolution dans sa relation intime avec le Seigneur. Claire a lutté pendant des mois contre l'idée de prendre de la distance avec la grande amie de sa première année à Rome. Elle a eu peur de la solitude qui s'annonçait ensuite. Voilà le récit qu'elle fait de l'échange dans lequel la jeune fille lui dit ce qui ne va pas dans son attitude :

> *Je la suivais pitoyablement, écoutant le verdict et voulant me sauver à toutes jambes de son réalisme cruel, mais espérant jusqu'à la fin qu'il tomberait de ses lèvres un encouragement. Il n'est pas tombé, sinon le conseil de m'isoler d'elle et de tous parce que dans ces moments-là, on a besoin de solitude, paraît-il. Et moi je n'ai pas pu lui dire que je ne voulais pas de solitude, que je me sentais déjà bien assez seule avec les autres, mais que je voulais, j'implorais de la chaleur humaine et de la chaleur de quelqu'un que j'aime et qui me comprenne, je n'ai pas pu le lui dire parce que si j'avais ouvert la bouche, je savais que j'allais pleurer, et je suis partie* (LA 21.04.1974).

L'épreuve est rude, elle va durer plusieurs mois. Touchée au cœur, Claire cherche à comprendre ce qu'on lui reproche. Elle ressasse le souvenir des conversations avec ses amies romaines. Elle tente de digérer ce choc qu'elle n'a pas vu venir. Et écrit des lettres interminables à une de ses amies toulousaines pour prendre de la distance et réaliser peu à peu ce qu'elle vit.

> *Je travaille (un peu) et essaie de ne pas penser. Je suis sortie, moche dans ma robe de laine et n'ai*

pas pu supporter presque physiquement de voir les mondanités fausses, fausses, fausses des gens que je connaissais et lâchement, au lieu de me mettre au pli, j'ai traversé en courant la place Navone et suis allée cacher ma honte dans les petites rues sans adresser la moindre parole à quiconque (LA 26.04.1974).

Claire s'efforce de prier, elle appelle à l'aide tous les gens du Ciel, mais *la grâce de Dieu, je ne la sens pas venir!* Quelques jours plus tard, elle ouvre son petit livre de l'*Imitation de Jésus Christ* et commente : *Les titres sont exactement ce qui me correspond, et c'est très humain.* À force de persévérer dans la prière et d'aller à la messe, Claire retrouve un peu de paix.

Tout ce qui compose la vie me déçoit, je n'ai plus recours dans les compensations humaines. Mais Dieu est là, qui m'éprouve pour que je voie si je l'aime vraiment, si je vois vraiment qu'il est là, si je sais qu'il est le seul important dans la vie. [...] Alors, je réfléchis un peu, me désespère beaucoup, pleure, me plains, bouffe du lion, et à force, je n'ai plus qu'à m'apercevoir, comme une lumière qui grossit, grossit, et qui, comme d'une luciole, devient phare éblouissant, qu'il n'y a que Dieu, et ça me fait danser de joie d'avoir trouvé d'abord, et ensuite de le garder bien brillant dans mon âme... (LA 03.05.1974).

Claire continue à voir son amie mais le lien de confiance est brisé. Après la souffrance du choc, elle est envahie de colère et d'amertume. Elle se bat plusieurs semaines durant pour ne pas entretenir des sentiments de rancœur à son égard : *Je suis à présent bien plus grandement fautive aux yeux de Dieu, car il m'arrive de la détester de toute mon âme, tout en sachant très bien que quand on hait quelqu'un c'est souvent qu'on l'aime trop [...] le mal que je pourrais lui faire, je ne le ferai pas* (LA 15.05.1974). Durant cette période, elle alterne les hauts et les bas mais elle essaye de prendre le dessus en faisant des projets, en se tournant vers les autres, en se changeant les idées. Une cousine lui propose de se joindre à un groupe d'amis pour une excursion. Le soir, les jeunes redescendent remplis de la beauté des paysages contemplés, la paix et la joie rayonnent sur leur visage. Ils entrent dans une auberge de Carpineto Romano pour prendre un rapide dîner. Avant de commencer leur repas, Claire voit l'un des jeunes étudiants, Pier Antonio, faire un beau signe de croix. Elle est bouleversée par ce geste. Le signe de la croix semble la rendre à elle-même, lui raconter son propre parcours : elle était morte, et la voici vivante, dans une joie pascale. Elle écrit à ses parents, parlant elle-même de résurrection : *ils ont ressuscité ma joie de vivre* (LP 23.05.1974). Et plus tard à l'une de ses amies : *Les amis de ma cousine sont Sains, plus que n'importe qui, que j'ai vu en Italie. Ils sont Purs, sains, et plein de la joie de Dieu, tu sais, valeur au-dessus de tout éloge, je me suis retrouvée moi-même… Cela m'a transformée, tu sais… Au fond, j'ai besoin de voir des personnes qui Vivent leur Dieu!* (LA 23.05.1974).

Le dernier mois de travail de l'année scolaire s'écoule dans la grosse chaleur romaine, mais avec l'immense satisfaction d'avoir trouvé enfin un appartement (à côté de Saint-Paul-Hors-les-Murs et d'une bouche de métro), qu'elle doit partager avec une amie. La perspective des vacances à Lauret et d'un pèlerinage à Lourdes lui redonne des forces et, peu à peu, elle reprend pied. Claire mûrit. La solitude apprivoisée lui fait un bien considérable, elle se retrouve elle-même. À la rentrée de septembre, elle sait qu'elle va revoir ses amies, mais elle est maintenant apaisée, libérée et confiante pour la suite, prudente et forte de sa lucidité. Une nouvelle étape de son existence commence.

Fin août, elle se prépare à partir pour la Normandie, sa famille maternelle se réunit pour fêter les quarante ans de sacerdoce de son oncle carme, le Père Philippe de la Trinité. En route, elle fait un détour par l'Île-Bouchard, désirant vivement connaître le lieu où, en décembre 1947, la Sainte Vierge apparut à quatre fillettes et leur demanda des prières pour la France, entraînée vers de graves dangers qui furent ainsi évités. Entre-temps, Mathilde, une amie de Claire, lui propose de participer à un pèlerinage en Israël, organisé par elle, avec une dizaine d'étudiants d'un Père dominicain, professeur de théologie à Fribourg. La défection imprévue d'une participante l'a amenée à proposer la place vacante à Claire. Cette dernière y réfléchit sur le chemin du retour, mais elle y renonce. Elle avait déjà postulé au gardiennage des salles du musée du Vatican pour deux ou trois semaines, afin de gagner un peu d'argent pour défrayer ses parents. Mais sa mère insiste pour qu'elle profite de l'opportunité providentielle d'un pèlerinage en Terre sainte qui s'annonce d'une grande qualité spirituelle. Claire répond donc positivement à Mathilde. Le départ est fixé au 15 septembre…

LA TERRE SAINTE

Je suis rentrée d'Israël entièrement requinquée, si besoin était, et pleine de bonnes intentions que, curieusement, je suis en train de suivre. [...] Pour l'instant, j'emmagasine un maximum d'éléments de ferveur, de piété, d'exemples, de pauvreté d'esprit pour pouvoir, seule, à Rome, organiser ma vie comme je l'entends maintenant, et non comme je la vivais (LP 25.09.1974).

Le groupe est accompagné par un guide bénédictin espagnol qui parle arabe et connaît tout le pays. Ils seront logés dans les couvents où doit prêcher le Père. Le périple s'organise en trois temps : une semaine pour la Haute Judée et la mer Morte, une deuxième semaine pour Jérusalem et les Lieux saints, une troisième semaine en Galilée. Le prédicateur leur consacre du temps dès qu'il est disponible et leur commente les passages des deux Testaments qu'ils revivent sur les lieux mêmes.

> *Vraiment la Terre Promise! Un pays béni! En dehors de l'aspect physiologique si enrichissant d'Israël, je découvre la Bible, la vraie Piété, la ferveur, la joie de Dieu, avec un groupe fantastique. Je prie pour vous. Nous faisons un pèlerinage harassant et si plein de Dieu que ça écrase. Et pourtant, tout est si simple, la vie, les gens, les paysages, que de marcher dans les chemins qu'ont parcourus le Christ et les Apôtres paraît tout normal. Nous sommes prochissimes de Dieu* (LF fin septembre 1974).

C'est un pèlerinage de « pauvres », ils n'emportent que trois cents francs chacun, qu'ils mettent en commun. La gestion prudente de la bourse est confiée à l'une d'entre eux. Claire raconte avec verve qu'ils furent plus d'une fois « affamés », malgré quelques généreux accueils le soir, dans les couvents ; et qu'ils usèrent du « stop » par petits groupes, quand ils ne pouvaient plus marcher… Le quotidien n'est pas confortable, parfois éprouvant, mais l'expérience au sein du groupe en est d'autant plus profonde. *Pour trois semaines sommes à Bethléem, marchons dans le désert pendant des heures : grande fatigue et faim = ascèse = incomparable pour la pureté!* (LA 16.09.1974).

Si l'intensité de la proximité avec Dieu se vit dans l'intimité et le silence du cœur, sa joie profonde est perceptible. La constance de sa bonne humeur, sa prévenance pour les autres et son goût pour les éclats de rire participent à la vitalité du groupe. Mathilde a été frappée par son courage physique et l'attention pleine de délicatesse portée à chacun, tandis qu'elle tait les douleurs d'une nouvelle crise de sciatique. *Les émotions de la Terre Sainte (que je n'éprouve pas d'ailleurs) sont accessoires; mais ce qui me bouleverse, c'est la façon dont vivent leur Foi ceux avec qui je suis* (LP 25.09.1974). Claire raconte dans son journal :

> *Nous nous écroulons, harassés, sur nos lits – à notre grande douleur, car le lit, plus bas que de coutume ce qui augmente l'élan, est composé d'une planche et d'un matelas; fous rires des chambrées qui se terminent par des ronflements* (Journal 15.09.1974).

La messe matinale du 18 septembre est une révélation bouleversante pour le groupe. Ils se lèvent pour partir vers 4 h 30 et assistent à la messe célébrée à l'endroit précis de la Sainte Crèche, pendant que le muezzin réveille les musulmans. Plusieurs sont émus aux larmes, et la ferveur ambiante donne toute sa grandeur divine au Saint-Sacrifice.

Chaque jour qui passe me gonfle un peu plus de paix et de ferveur, et de reconnaissance envers le Créateur. Vous ne pouvez imaginer combien j'ai changé depuis 15 jours, et je sais que cela durera. Au fond, avant, à part la Messe du dimanche et mes familiarités avec la Sainte Vierge, je vivais comme une païenne et je m'aperçois maintenant combien tout, dans la vie, doit être tourné vers Dieu, et que si on le pense vraiment, cela ne demande même pas d'effort, tellement c'est naturel (LP 03.10.1974).

Dans le désert dans lequel les Hébreux ont erré pendant quarante ans, Claire vit une des plus belles journées de son séjour. Elle fait une marche *absolument crevante, solitaire et presque physiquement sous les yeux très proches du Dieu des Hébreux,* elle se laisse saisir. Après la période tourmentée qu'elle vient de vivre à Rome et grâce à la sobriété de ce pèlerinage, elle se présente à Lui pauvre et dépouillée à tout point de vue. Elle écrira quelques semaines après son retour :

Un pèlerinage harassant et bouleversant au sens propre du terme. Ma vie a complètement changé d'optique en 3 semaines : au-delà de ma familiarité avec la Sainte Vierge, je découvre l'Amour de Dieu immense, étonnant et si simple. [...] Lis la Bible, commence par Saint Jean, dis des chapelets et donne-toi quelques minutes par jour pour l'oraison. [...] J'espère que je ne parle pas trop en bonne sœur, mais je me sens pleine de joie divine (LA 04.10.1974).

Le dernier jour, le groupe monte jusqu'à l'Hérodion, cette montagne artificiellement surélevée dont Hérode fit un palais d'été. Lors de l'ascension, les pèlerins sont émerveillés par une vue du désert comme il y en a eu peu jusqu'à présent, sous un soleil étincelant impossible à décrire. C'est cette lumière qu'elle emportera sous les voûtes d'Assise...

J'épouse un bonheur tout neuf d'aller à la messe en semaine, à lire St Ignace d'Antioche, St Jean... à faire même mon quart d'heure de contemplation quotidien. Ah! Je peux le remercier, Lou Boun Diou, de me faire cette grâce de conversion. Mais alors, ce que j'en ai à rattraper pour être un minimum sainte... (LA 28.10.74).

Du reste, après le pèlerinage en Terre sainte, ce n'est pas seulement la messe quotidienne qui retrouve définitivement sa place dans ses journées, c'est aussi une évolution des formes de sa prière. Les invocations brèves, les prières traditionnelles n'ont pas disparu, mais Claire a découvert autre chose. Rendue très attentive à la question de la prière dans une vie chrétienne, elle découvre la dimension ecclésiale de la louange. À voir ses compagnons de pèlerinage manier le bréviaire, elle a pris goût à la Liturgie des Heures, priée en commun. Si bien que dans la nouvelle vie commune qu'elle prévoit à l'automne à Rome avec son amie Mathilde, elle a intégré la grande prière de l'Église : « Peu de jours avant son départ en Italie, elle achète deux bréviaires, un pour elle, un pour Mathilde […]. Il fallait voir sa joie, raconte sa mère, lorsqu'elle revint à Lauret, après l'achat des deux livres! Elle ne cesse de compulser le sien. »

Il est certain que quelque chose s'élargit et s'approfondit. La joie à prier, qu'elle a toujours ressentie, devient peut-être plus grave, plus sérieuse, à l'automne de sa vie. En témoigne aussi, sans doute, son désir de faire enfin cette vraie « retraite », dont elle rêvait depuis trois ans et dont elle parlait régulièrement à ses proches : *Il faut que j'aille me dégotter une retraite* (LA 04.01.1972); *Il me faut d'urgence du calme et une retraite* (LP 26.02.1973). De fait, elle s'inscrit à une retraite sur « saint Jean » au Foyer de Charité de Châteauneuf-de-Galaure. Elle espère y rencontrer Marthe Robin. La retraite est programmée du 9 au 15 février 1975 : Claire la suivra du Ciel…

JE VEUX ÊTRE TOUTE À DIEU

Je suis très heureuse, et prie pour que tu le sois encore plus et j'apprends par expérience qu'il y a toujours un bonheur plus profond qu'on ne croit (LF 21.11.1974).

Depuis son enfance, Claire a compris combien la vocation chrétienne n'est autre qu'un appel à la sainteté. Adolescente puis jeune étudiante, Claire n'exprime plus explicitement ce *je veux être une sainte* comme elle le faisait enfant! Mais l'idée poursuit son chemin. Décidée à tout mettre en œuvre pour y parvenir, elle tente d'atteindre la sainteté par de bénéfiques efforts, comptant parfois sur ses seules forces. La crise personnelle traversée dans sa première année romaine l'ouvre à une sainteté plus oblative, à une attitude intérieure plus humble. Désormais consciente de sa faiblesse, elle exprime sa recherche de Dieu, avec une bonhomie souriante :

> *Je suis allée, avant de partir, prendre des bouquins à St Louis des Français : j'espère que vous allez être édifiés par les titres : 1- Itinéraires bibliques (pour revoir la Palestine) ; 2- lettres à Mme de Bondy du Père de Foucauld ; 3- lettres de St Ignace d'Antioche […]. Hein ! Je suis fière de moi, maintenant que j'acquiers un peu d'habitude de vie spirituelle, et de « soif », je vais me taper une de ces vanités !..* (LP 16.10.1974).

Bien d'autres moments seraient à saisir pour évoquer cette quête joyeuse, comme ce témoignage de son dernier été à Lourdes. Après un moment familial sympathique où elle partage ce qui remplit ses journées au service des malades, son beau-frère raconte : « Avant de nous quitter, elle remet en ordre sa tenue habituelle de Lourdes, en se coiffant de son brave béret béarnais. "Ne l'enfonce pas trop, tu vas froisser ton auréole", lui ai-je dit en plaisantant. Mon regard saisit alors le sien, ses beaux yeux avec leur *sfumato* si particulier, et leurs petites paillettes de bonheur. Elle me répond simplement, tout en embrassant déjà les enfants autour de nous, en riant et sur le même ton d'ironie affectueuse : *C'est gentiment dit* et part toute joyeuse, porter son bon sourire aux malades. »

Cette fraîcheur de Claire jaillit de son intériorité. C'est dans ce contact avec le fond de son âme qu'elle trouve la paix et la capacité de s'ouvrir et de se donner aux autres. Le tourbillon de la période romaine l'avait souvent maintenue à la surface d'elle-même : *Je me rends compte à quel point de vanité et d'égoïsme facile je suis tombée sous l'appellation trompeuse d'émancipation de moi-même* (LP 11.06.1974), mais elle a compris à travers cet échec qu'elle ne donnerait en vérité que le trop-plein de son cœur et qu'il fallait qu'elle demeurât attentive à se laisser habiter et remplir par la grâce. La dernière lettre qu'elle écrit à ses parents en décembre 1974 se termine par ces mots qui résument bien cette plénitude de vie : *J'ai tant à faire que je m'arrête et vous embrasse de tout mon cœur qui déborde.*

Claire accorde une importance centrale à la qualité de ses relations, parce que c'est là, au niveau des cœurs, que se joue la communion. *Mais sentez-vous à quel point je suis heureuse ? Je me suis demandé toute la journée si la communion des cœurs existait à ce degré* (LP 12.11.1974). Elle renvoie une image de solidité et de force, parce qu'elle n'a peur ni d'exprimer son amitié et son affection, ni d'affronter la vérité quitte à pratiquer la correction fraternelle si besoin est. Nul doute que sur ces deux derniers points, l'expérience a été coûteuse pour elle et parfois pour son entourage… mais c'était le prix de sa liberté intérieure, de l'amour de la vérité et de sa soif féminine de relations vraies et authentiques. À la fin de sa vie, elle est encore plus à l'écoute des dispositions d'autrui et gagne en douceur : *La charité chrétienne, c'est d'aimer les gens parce que Dieu les aime. Voilà, entre autres, ce qui me bouleverse de joie divine* (LA 04.10.1974). Un couple d'amis vient la voir à Assise : « Nous avons visité presque tous les sanctuaires à pied, en se perdant dans les collines pierreuses et nous étions tantôt heureux à éclater, tantôt calmes, tranquilles aussi bien ensemble que des frères et sœurs très unis » (Témoignage du 30.04.1975). Quoi de plus précieux pour elle que de si profondes amitiés ?

Son entourage raconte que Claire avait volontiers un côté garçon manqué, un peu casse-cou. Elle n'était pas toujours soucieuse de l'image qu'elle pouvait donner d'elle-même quand elle portait sa jupe avec ses grandes chaussettes ou son pantalon tout râpé. Avec le temps, sa féminité s'est davantage manifestée dans l'attention à son propre corps comme don du Seigneur : *J'ai compris que Dieu nous a donné un corps; qu'il ne faut pas seulement le nourrir et le guérir mais aussi l'embellir comme pour l'âme* (LA 16.11.1972). À la fin de sa vie, Claire est rayonnante, des dizaines de témoins l'attestent comme cette amie qu'elle rencontre quelques jours avant sa dernière maladie. Elle la trouve tellement changée physiquement, devenue une belle et gracieuse jeune femme, qu'elle pense que Claire va lui annoncer ses fiançailles ! On imagine d'où lui vient cette beauté lorsqu'on lit sous sa plume : *J'aime la vie, et je crois bien qu'elle est amoureuse de moi* (LP 11.02.1974).

Claire ne garde pas pour elle cette vie qui l'habite. Elle vit une fécondité discrète et pleine de délicatesse : elle prend soin des plus petits, des malades, des isolés… Des dizaines d'anecdotes illustrent cette sollicitude qui la presse : *Mais tout le monde ne peut-il pas être heureux ?* On sait par exemple que quand elle amène des gâteaux aux clochards de Toulouse, elle prend aussi le temps de leur poser des questions, non pas pour jouer un rôle mais parce qu'elle s'intéresse vraiment à eux. Claire a donné la vie en étant attentive à chacun, en prodiguant sa compassion, ses encouragements, sa tendresse… C'est sans calcul et souvent à son insu, qu'elle a transmis, éveillé ou ravivé l'amour de la vie. *Je m'émerveille de la quantité d'amour de Dieu et je l'admire aussi de m'avoir donné tant de grâces en retour de rien* (LF 01.11.1974).

Et cela n'a pas trompé. À sa mort, ce sont plus de six cents lettres de condoléances qui déferlent chez ses parents. Que disent ces nombreux témoignages ? Tous évoquent la lumière dont Claire rayonnait, sa joie contagieuse, la valeur de ses affections, les exemples qu'elle a donnés. Dès son enterrement une dame du village rapporte : « Jamais je n'ai senti d'une manière aussi intense la présence de Dieu et le rayonnement de la sainteté, on en était comme enveloppé. À la sortie, j'eus envie d'écrire sur le cahier disposé pour les signatures : "Merci Claire", mais je n'ai pas osé. Qu'aurait-on pensé ? » Oui, qu'aurait-on pensé d'une mère de famille qui remercie une jeune fille de 21 ans pour tout ce qu'elle a reçu d'elle ? Et qui aurait pensé alors que cette courte vie aurait une telle fécondité spirituelle ?

HEUREUX LES CŒURS PURS, ILS VERRONT DIEU

Ce type-là, dit-elle en parlant de Simone Martini, *était un spirituel de première classe, on le voit encore mieux de près. C'est incroyable, combien, après six siècles et demi, il peut faire passer son âme en nous, pendant qu'on le restaure. [...] Je m'applique, je m'applique, j'y vide actuellement toute mon intelligence et mon cœur, avec la grande passion que tu me connais. C'est crevant, du reste, tant j'y mets de zèle. Ce n'est pas toujours réussi, mais dans l'ensemble, cela donne bien* (LF 21.11.1974).

À partir du mois de septembre 1974, Claire rejoint Assise où elle retrouve ses camarades du Restauro pour restaurer les fresques de la basilique Saint-François. Elle témoigne plus que jamais de sa foi, avec délicatesse mais sans complexe, bien plus par ce qu'elle est que par des discours, « une apôtre, toute donnée aux autres, puisant force et joie dans sa vie intérieure religieuse », dira d'elle une de ses professeurs. Claire mène une vie pour le moins contemplative, presque bénédictine! Elle a choisi le silence et la solitude, le froid aussi car les sœurs ne chauffent pas l'hôtellerie en cette période où il y a peu d'hôtes. Elle qui redoutait la solitude quelques mois auparavant, qui s'était même révoltée contre elle, elle la choisit maintenant, comme l'amie qui permet la vraie rencontre. Une plus juste distance a été prise, elle écrit moins souvent à sa mère et les lettres sont plus courtes. Sa chère amie Anne s'est mariée, elle a moins besoin de sa sœur Pauline. Le soir, elle se retrouve dans sa petite cellule des bénédictines de San Pietro et le matin sur les échafaudages de la basilique, où elle restaure la scène de la vie de saint Martin intitulée « Messe miraculeuse où les anges couvrirent les bras du saint dépourvu de manteau (donné à un pauvre) ». Elle repeint avec soin la chasuble de l'évêque, l'ornement porté pour le sacrifice : celui du Christ, celui de Martin, le sien.

Le Seigneur agit en elle jusque dans la qualité de son travail. Elle a mûri et dégage une paix qui saisit son entourage. Le même professeur témoigne : « À Assise, Claire fut une révélation, elle réalisa des merveilles dans la restauration du Miracle de l'Hostie. Durant ces travaux d'octobre à décembre 1974, l'ambiance fut exceptionnelle de camaraderie et d'amabilité, et cela, grâce à Claire : jamais, je n'avais vu une telle ambiance dans une mission. » Elle travaille avec la passion qui la caractérise et raconte :

> *Je suis chargée maintenant d'une des scènes du second étage, le miracle de l'Hostie de saint Martin, tu imagines! [...] J'ai presque tout fini. J'ai mis une grande patience à faire les dorures de la nappe et du voile autour du bras. Je les ai toutes minutieusement retrouvées et reconstruites à l'aquarelle, et je ne cesse d'exploser en imaginant combien cela a dû être beau quand c'était « vrai ». Les petits anges sont adorables, et demain je fais un nez coquin au premier...* (LF 21.11.1974).

Sous les voûtes d'Assise, tout le long du jour, dans la contemplation d'œuvres de toute beauté dont son travail cherche à restaurer la pureté d'origine, Claire prie. Les grâces vécues au cours des derniers mois et en particulier celles reçues en Terre sainte descendent en elle et transforment son âme : *Je sens mon corps, mon esprit, mon âme, tout moi, prêts à éclater sous la densité du bonheur et de la Reconnaissance!* (LA 06.11.1974).

Foi, pureté, piété, confiance, charité… Au terme de sa vie, tout ce que Claire a cherché à vivre, vers lequel elle a tendu de toute sa volonté, elle le reçoit désormais du Seigneur comme un don de sa grâce pleine de prévenance et de tendresse.

Je suis dans la félicité, la béatitude jamais expérimentée jusque-là ; pourtant, Dieu sait combien je croyais qu'on ne pouvait être plus heureux que moi. C'est de la même valeur que le bonheur que l'on envie, de ces religieux cloîtrés ou moniales si rayonnants (LP 12.11.1974).

La vie de Claire n'a pas changé : mêmes camarades, mêmes professeurs, même travail… C'est elle qui a changé. Ce qui, un an auparavant, pouvait encore l'effrayer et la désarçonner, ne suscite plus aujourd'hui que sa sympathie, son affection, sa reconnaissance :

Tous ceux de l'Institut, que j'ai retrouvés avec tant de plaisir, sont plus ou moins répartis en deux ou trois maisons, […] et rigolent en disant que j'entre en clôture. Je les aime bien, décidément, tous ; et ils m'apprécient aussi (LP 16.10.1974).

Plus rien de hautain dans son attitude, plus de jugements téméraires, mais une bienveillance souriante comme en témoigne cette anecdote racontée à ses parents :

> *Je suis descendue 2 minutes après le dîner car j'avais oublié quelque chose à la salle à manger et bam! Que vois-je? La sœur tourière penchée sur l'assiette de gâteaux et se retournant, ne sachant pas très bien si elle devait rougir ou rire, un énorme gâteau à la main – je l'ai félicitée et elle était ravie – ça me plaît bien : au moins elles sont simples, naturelles, pas complexées* (LP 20.12.1974).

La joie de Claire se transforme en une humble bonté, un parti pris de charité et de miséricorde.

Le groupe de l'Institut de restauration termine les travaux de la chapelle Saint-Martin à la mi-décembre 1974. *C'est beau,* écrit Claire sur son agenda sans autre commentaire, à la date du 11, au début de l'enlèvement des échafaudages. Et les élèves se dispersent pour les vacances de Noël. Sans perdre de temps, Claire quitte Assise le 16 au soir pour avoir, de justesse, son train de nuit à Rome, dans la hâte de rejoindre sa famille au plus vite.

Courte halte à Montpellier, entre deux trains, comme d'habitude, pour voir sa sœur Pauline et sa famille. Elle s'épanche joyeusement et intimement avec eux, et Pauline écrit plus tard :

« Quand elle est arrivée à la maison, avant Noël, avec son gros manteau et son bâton de pèlerin elle avait le visage transfiguré de bonheur. [...] *Maintenant, j'ai compris, je suis pleine d'Espérance, et je suis mûre pour de grandes choses... mais je ne sais pas lesquelles...* » (fin décembre 1974).

Malgré le peu de temps dont elle dispose, elle a l'affectueuse pensée, connaissant les goûts de son père, d'aller au marché acheter du poisson tout frais et des crevettes de rochers encore vivantes. Et elle arrive, par le train du soir, à Gimont, le 18 décembre, sa valise d'une main, et, dans l'autre, son « bâton de pèlerin » en palmier d'Israël, et son paquet de poisson, dans une intensité de bonheur et d'exubérance, en même temps que d'équilibre, vraiment extraordinaire... Cette apothéose de joie, cette vitalité, elle les manifeste à tout moment. Elle irradie le bonheur. Elle répète inlassablement : *Je suis heureuse! J'aime tellement la vie! Mais vous rendez-vous compte combien je suis heureuse! Combien Dieu est bon!*

quinzième jour

LE DÉSIR DU CIEL

J'ai observé pendant plusieurs jours la trajectoire du soleil sur le cimetière aussi bien en hiver qu'en été. [...] C'est pour Maman, je ne veux pas qu'elle ait froid quand elle viendra me voir, elle viendra tous les jours, je le sais, elle me parlera, nous parlerons toutes les deux comme avant, mais je ne serai plus là, elle sera seule, et le soleil lui réchauffera le cœur (À une cousine en 1971).

Au cours de sa mission de restauration à Assise, Claire reçoit la visite d'un couple d'amis français. Le trio passe une journée à Pérouse d'où ils rentrent, pris en stop par un jeune carabinier. Claire engage une conversation qui devient vite profonde. Le jeune homme lui confie avoir perdu la foi en entrant dans la vie active et chercher depuis un idéal que ni son mariage, ni sa paternité, ni sa nouvelle vie de militaire ne parviennent à satisfaire. Une révolte contre la violence, l'injustice sociale et le mal gronde en lui et alimente un grand désenchantement à l'égard de la vie. Claire mesure le désespoir de cet homme et lui parle de Dieu avec toute la profondeur de sa paix et de sa foi. Elle lui promet de prier pour lui. Arrivés à destination, les trois amis le remercient et Claire ajoute un : – *Au revoir Claudio* – Pourquoi dites-vous « au revoir » puisqu'on ne se reverra pas? – *Mais si, on se reverra : au Ciel.* L'homme se mit à pleurer…

Se revoir au Ciel, voilà la plus belle promesse pour Claire! Tout au long de sa vie, elle a eu le désir du Ciel. On peut même dire que cette pensée l'a rarement quittée. Pour ceux qui l'ont connue de façon proche, il n'y avait, pour elle, qu'un pas à faire de la terre au Ciel. C'était même le but de Claire : on était sur terre pour aller au Ciel! De ce désir si simple, la première attestation nous est fournie par sa mère, datée de janvier 1959. Elle rapporte une réflexion triomphante, spontanée et inattendue de Claire enfant au milieu d'un jeu : *Maman, j'ai trouvé quelque chose!* – Qu'as-tu donc trouvé? – *J'ai trouvé ce que c'est la mort!* – Et qu'est-ce que c'est? – *La mort, c'est une surprise! On sait pas quand on « mourt » et on « mourt » pour aller au ciel* (sic). Sa figure rayonnait de joie, à cette découverte. C'est peu de temps après que Claire souhaite à sa mère, avec un bon sourire, de mourir bien vite… Étonnée, elle lui demanda pourquoi elle désirait ainsi sa mort : *C'est pour que vous alliez vite voir le bon Dieu ! Vous serez si contente !*

Le 15 octobre 1960, le scooter de Marie, une voisine, heurte une camionnette au carrefour de la croix de Lauret. Ses parents sont appelés pour les premiers secours. Claire est d'autant plus frappée qu'elle la connaît très bien et va souvent chez elle. Marie meurt dans la nuit. Claire comprend tout, très frappée par ce départ subit. Elle assiste aux obsèques dans la chapelle et au petit cimetière de Lauret, et y prend part, véritablement. Mais elle est sans chagrin, parce qu'elle pense que Marie est au Ciel…

Plus tard, à la Toussaint 1962, à l'annonce du décès d'un oncle qu'elle connaît bien et qu'elle aime beaucoup, elle réagit : *Comme il a de la chance ! Il est arrivé au ciel pour le jour de sa fête !* Claire faisait spontanément des visites au cimetière de Lauret, et priait régulièrement pour *tous ceux qui sont là* et aimait préparer et décorer les tombes pour le 2 novembre.

Pour elle, la mort ne constitue pas une rupture avec cette vie mais son accomplissement. La conclusion de l'épisode du carabinier d'Assise, raconté plus haut, l'affirme sans détour : *Mais si, on se reverra : au Ciel!* Claudio et elle-même ont de toute façon un rendez-vous dans l'éternité. Une telle certitude est d'autant plus poignante si l'on songe que Claire vit ses dernières semaines…

Claire n'avait pas peur de mourir : *Quand je devrais partir, eh bien je devrais partir, et puis c'est tout!* Durant la dernière année de sa vie, elle évoque son propre décès auprès de plusieurs personnes qui rapportent tous la même sérénité étonnante. Lors de la réunion de famille de septembre 1974, elle dit avec un immense sourire : *Je ne sais pas pourquoi, mais je ne terminerai pas mes études à Rome, pourtant, je dois aller jusqu'au bout… Je ne sais pas…* Et, en riant avec une tante, elles insinuaient toutes les deux : « Comme solution, il n'y a que la mort. » Et Claire de répondre : *Ma foi, je ne vois rien d'autre.*

Penser la mort, soit, mais la voir venir? Le témoignage de sa mère, racontant les derniers jours, est frappant, car on ne voit pas que Claire ait été ni affolée, ni accablée. Lorsque le mal progresse, elle reste confiante : « Les maux de tête se firent plus violents, quoiqu'intermittents, comme la fièvre. Et dans les moments de rémission, Claire n'était pas du tout abattue : elle parlait, lisait, mangeait presque normalement, elle était paisible, souriante, confiante. » Quand les crises reprenaient, de plus en plus fréquentes, elle restait prostrée, ne supportant plus la moindre lumière, souffrant cependant sans se plaindre. Ses douleurs devaient être intolérables. Elle dit seulement un soir à sa mère : *Maman, priez, priez pour que je n'aie pas mal à la tête demain : si vous saviez combien je souffre!*

Quelques semaines avant de mourir, de retour dans la maison familiale pour y fêter Noël, Claire livre une confidence au détour d'une conversation dans la cuisine avec sa mère : *Je suis tellement heureuse que si je mourais maintenant, je crois que j'irais au ciel tout droit, puisque le Ciel, c'est la louange de Dieu, et j'y suis déjà* (fin décembre 1974). Mme de Castelbajac commente : « Je regrette d'avoir été seule à voir son visage à ce moment-là… Quelle révélation de sa lumière intérieure, de sa joie intense! Son regard, son sourire irradiaient. » De l'arabesque ou de la ligne droite, Claire révèle ici sa figure préférée : la plus simple et la plus rapide. Une ligne droite qui a été son désir de toujours et qui désormais tend le fil de sa vie. Une ligne droite élevée vers le Ciel pour en goûter déjà le bonheur éternel.

Le Ciel, c'est la louange de Dieu et j'y suis déjà… Paroles ô combien bouleversantes pour ses proches qui y repensent au lendemain de sa mort. Cette mort qui a tout eu de la surprise, comme elle la définissait dans l'enfance! Son oncle carme se remémore les derniers moments partagés avec Claire : « Nous avons parlé, texte en mains, de ce passage de saint Jean : “En ceci consiste la perfection de l’amour en nous : que nous ayons pleine assurance au jour du Jugement” (1 Jn 4,17). Je lui rappelai que cette doctrine avait été développée par Ste Thérèse de l’Enfant Jésus : le purgatoire n’est que pour ceux qui auront douté de la puissance purificatrice de l’Amour Divin Miséricordieux. Elle en éprouva une grande joie. Je la revois encore, debout, avant de quitter le couvent, sur le seuil de la porte, avec son beau regard plein de lumière, me déclarer avec force : *Je suis heureuse!* » Le cœur ancré dans cette vérité, elle est prête à accueillir ce qui se présentera car elle sait que ce sera quelque chose de grand. Et cela le fut… grand comme l’Amour infini dans lequel Dieu l’a accueillie et où, dans la joie et la lumière, elle nous attend.

POUR ALLER PLUS LOIN

Vous pouvez trouver de nombreuses photos, citations et informations sur le site dédié à Claire : www.clairedecastelbajac.org

Biographie

Père Dominique-Marie Dauzet, *Claire de Castelbajac, Que ma joie demeure,* Presses de la Renaissance, 2010. Cette biographie, la plus exhaustive qui existe, est à ce jour l'ouvrage de référence en ce qui concerne la vie de Claire.

Recueils d'extraits de lettres

Vivre Dieu dans la joie, 5e édition revue et corrigée du précédent (1re édition en 1986),

Lauret, BCR Imprimeurs, 2012. Traductions disponibles en italien, croate, espagnol, néerlandais, slovène, hongrois, portugais. Larges extraits de ses lettres rassemblés par Mme de Castelbajac (la mère de Claire) classés par ordre chronologique et introduits par quelques éléments biographiques.

Claire de Castelbajac, par Mme de Castelbajac, 1re édition en 1978, en cours de réédition. Extraits de lettres et anecdotes classées par thèmes.

Petit ouvrage pour découvrir Claire

Claire de Castelbajac 1953-1975 : Joie de Dieu, joie de vivre, Éd. Le livre ouvert, coll. « Paroles de vie », 2012. Petite biographie pour découvrir Claire à travers quelques thèmes clés de sa spiritualité et illustrés de brèves citations. Existe en italien, allemand, espagnol, anglais et portugais.

Pour les 9-12 ans

La joie des enfants de Dieu, Claire de Castelbajac, par les moniales de l'abbaye Sainte-Marie de Boulaur, Pierre Téqui éditeur, coll. « Les Sentinelles » n° 19, 2006. Biographie à destination d'un public d'enfants ou d'adolescent.

Petites neuvaines

Petits livrets de poche avec des citations de Claire à méditer jour après jour le temps d'une neuvaine (cinq thèmes : la joie, la pureté, la charité, la foi, la vocation).

TABLE DES MATIÈRES

DANS LA MÊME COLLECTION

Albert Schweitzer par Mathieu Arnold, n° 156
Alexandre Men par Michel Edvokimov, n° 139
Alphonse de Liguori par Jean-Marie Ségalen, n° 17
Ange Le Proust par Jaime García, n° 192
Antoine Bloom par Michel Edvokimov, n° 159
Antoine Chevrier par Christian Delorme, n° 108
Antoine de Padoue par Pio Murat, n° 67
Benoît XVI par Mgr Jacques Perrier, n° 199
Benoîte Rencurel par René Combal, n° 79
Bernadette par François Vayne, n° 27
Calvin par Gill Daudé, n° 128
Catherine de Sienne par Chantal van der Plancke et André Knockaert, n° 20
Catherine Labouré par Élisabeth Charpy, n° 141
Charles Borromée par Ch. Dezarnaud Dandine, n° 191
Charles de Foucauld par Michel Lafon, n° 16
Charles Péguy par Pierre Deruaz, n° 85
Chiara Lubich par Florence Gillet, n° 127
Chiara Luce Badano par Florence Gillet, n° 164
Christian de Chergé par Christian Salenson, n° 102
Christophe Lebreton par Henry Quinson, n° 112
Claire d'Assise par Marie-France Becker, n° 55
Claire de Castelbajac par Mère E. Desjobert, n° 203
Claire Monestès par Marie-France Boutemy, n° 144
Claude-François Poullart des Places par Jean Savoie, n° 124
Columba Marmion par R. Ferdinand Poswick, n° 83
Daniel Brottier par Alphonse Gilbert, n° 81
Dietrich Bonhoeffer par Mathieu Arnold, n° 106
Dom Helder Camara par Marie-Jo Hazard, n° 72
Dominique Savio par Jean-Marie Petitclerc, n° 193
Don Bosco par Jean-Marie Petitclerc, n° 179
Édith Stein par Michel Dupuis, n° 46
Edmond et Marie Michelet par Benoit Rivière, n° 35

Élisabeth de la Trinité par Jean Rémy, n° 44
Emmanuel d'Alzon par Jean-Paul Périer-Muzet, n° 75
Emmanuel Mounier par Jean-François Petit, n° 51
Etty Hillesum par P. Ferrière et I. Meeûs-Michiels, n° 91
François d'Assise par Thaddée Matura, n° 13
François de Laval par Doris Lamontagne, n° 114
François de Sales par Claude Morel, n° 3
François et Jacinthe de Fatima par Jean-François de Louven-court, n° 56
François Liberman par Arsène Aubert, n° 73
François Xavier par François Bécheau, n° 66
Frédéric Ozanam par Christian Verheyde, n° 148
Frère Luc par François Buet, n° 171
Frère Roger de Taizé par Sabine Laplane, n° 121
Gabrielle-Marie Mosnier par R.-A. de Laburthe, n° 176
Gemma Galgani par Philippe Plet, n° 109
Georges Bernanos par Benoît Lobet, n° 32
Gérard Majella par Jean-Marie Ségalen, n° 88
Guillaume-Joseph Chaminade par R. Bichelberger, n° 49
Henri Caffarel par Jean Allemand, n° 61
Henri Vergès par Alain Delorme, n° 118
Hildegarde de Bingen par Marie-Anne Vannier, n° 160
Ignace de Loyola par François Bécheau, n° 43
Jacques et Raïssa Maritain par Jean Daniel, n° 133
Jacques Loew par Bernard Cougoul, n° 103
Jean Chrysostome par Laurence Brottier, n° 173
Jean de la Croix par Constant Tonnelier, n° 4
Jean Sulivan par Joseph Thomas, n° 158
Jean XXIII par le cardinal Etchegaray, n° 50
Jean-Baptiste de La Salle par Gilles Beaudet, n° 41
Jean-Baptiste Fouque par Bernard Ardura, n° 181
Jean-Claude Colin par François Drouilly, n° 142
Jean-Marie de La Mennais par Yvon Deniaud, n° 68
Jean-Martin Moyë par M. Dachet et G. p. Defrenne, n° 104
Jeanne d'Arc par Didier Dastarac, n° 37
Jeanne Jugan par Michel Lafon, n° 70

Louis et Zélie Martin par Hélène Mongin, n° 143
Louis Massignon par Maurice Borrmans, n° 186
Louise de Marillac par Élisabeth Charpy, n° 105
Louise-Thérèse de Montaignac par Mgr Fr. Tricard, n° 189
Louis-Marie Grignion de Montfort par Véronique Pinardon et Jean Bulteau, n° 21
Luther par Matthieu Arnold, n° 28
Madeleine Daniélou par Marie-Thérèse Abgrall, n° 58
Madeleine Delbrêl par Bernard Pitaud, n° 29
Maître Eckhart par André Gozier, n° 10
Marcel Légaut par Dominique Barnérias, n° 194
Marcel Van par Jean-Philippe Auger, n° 129
Marguerite Hoppenot par Albéric de Palmaert, n° 182
Marie au cœur de ses apparitions par François Vayne, n° 178
Marie Céleste Crostarosa par Jean-Marie Ségalen, n° 96
Marie de Jésus Crucifié par William Marie Merchat, n° 151
Marie de Jésus Deluil-Martiny par B. Lucchesi, n° 107
Marie de la Passion par Marie-Thérèse de Maleissye, n° 36
Marie Guyart de l'Incarnation par Gabrielle Noël, n° 63
Marie Noël par Georges Rotheval, n° 5
Marie Rivier par Daniel Coffigny, n° 131
Marie-Louise Monnet par Micheline Poujoulat, n° 149
Marthe Robin par Henri-Marie Manteau-Bonamy, n° 33
Martin-Luther King par Christian Delorme, n° 30
Maurice Blondel par Yvette Périco, n° 188
Maurice Zundel par Marc Donzé, n° 25
Mère Teresa par Mgr Francesco Follo, n° 78
Mère Yvonne-Aimée de Malestroit par V. Grollier, n° 205
Mgr Rodhain par Jean-Marie Lévrier-Mussat, n° 52
Michel Quoist par Christiane Gaud-Descouleurs, n° 80
Monsieur Olier par Bernard Pitaud, n° 111
Nelson Mandela par Emmanuel Lafont, n° 174
Nicolas de Flue par Philippe Baud, n° 64
Notre Dame de Pontmain par Bernard Dullier, n° 198
Padre Pio par Jean-Dominique Dubois, n° 57
Paul Claudel par Yves Habert, n° 87

Paul VI par le cardinal Paul Poupard, n° 24
Pauline-Marie Jaricot par J. Gadille et G. Marguin, n° 82
Pedro Arrupe par François Bécheau, n° 86
Petite Sœur Magdeleine de Jésus par Michel Lafon et les Petites Sœurs de Jésus, n° 31
Philippe Néri par Jean-François Audrain, n° 201
Pierre Chanel par Jean-Marc Chanel, n° 202
Pierre Claverie par Patrick Vincienne, n° 145
Pierre de Bérulle par François Monfort, n° 89
Pierre Favre par Pierre Ferrière, n° 172
Pier Giorgio Frassati par Charles Desjobert, n° 180
Pierre Goursat par Francis Kohn, n° 150
Pierre Teilhard de Chardin par André Dupleix, n° 12
Pierre-Marie Delfieux par Françoise Vintrou, n° 175
Pierre-Joseph de Clorivière par Chantal Reynier, n° 163
Pierre-Julien Eymard par Manuel Barbiero, n° 161
Renée de Tryon-Montalembert par Sr Édith-Marie, n° 147
Robert Schuman par Paul-Dominique Masiclat, n° 137
Saint Augustin par Jaime García, n° 18
Saint Benoît par André Gozier, n° 14
Saint Bernard par Pierre-Yves Emery, n° 15
Saint Bruno par une moniale de la Chartreuse Notre-Dame, n° 54
Saint Camille de Lellis par M.-Ch. Brocherieux, n° 162
Saint Dominique par Alain Quilici, n° 38
Saint Irénée de Lyon par Véronique Minet, n° 130
Saint Jean de Dieu par Bernard Lucchesi, n° 76
Saint Louis par Michel Cool, n° 170
Saint Maurice et ses compagnons par Guy Luisier, n° 167
Saint Paul par Michel Quesnel, n° 120
Saint Paul de la Croix par Philippe Plet, n° 98
Saint Séraphim de Sarov par Michel Evdokimov, n° 123
Saint Vincent de Paul par Jean-Pierre Renouard, n° 45
Saint Vincent Ferrier par V. Roux et P. Puech, n° 206
Saint Yves par Daniel Giacobi, n° 185
Sainte Jeanne de Chantal par Marie Chantal Geoffroy et

Claire Élisabeth Coque, n° 136
Sainte Jeanne de France par Jean-François Soubrier, n° 48
Sainte Jeanne de Lestonnac par Colette Codet de Boisse et Françoise Lacaze, n° 166
Sainte Jeanne Delanoue par Renée Rogue, n° 113
Sainte Jeanne-Antide Thouret par Mgr Lucien Daloz, n° 110
Sainte Rita par André Bonet, n° 154
Silouane par Maxime Egger, n° 65
Simone Weil par Martin Steffens, n° 125
Sœur Faustine par Patrice Chocholski, n° 101
Thérèse Cornille par Lucienne Sallé, n° 95
Thérèse Couderc par H. Caumeil et Ch. de la Forge, n° 90
Thérèse d'Avila par Jean Abiven, n° 11
Thérèse de Lisieux par Constant Tonnelier, n° 19
Thomas More par Jacques Mulliez, n° 134
Trois bienheureuses Sœurs de Charité de la Sainte-Croix par Sr M. Benedicta Roggen, n° 168
William et Catherine Booth par C. Gossauer-Peroz, n° 119
Yves Congar par Daniel Blaj, n° 152